新标准日语教程

第三册

智慧版

总主编　冯　峰

主　编　张元卉　高　阳

副主编　[日] 进藤优子

编　者　陈爱阳　[日] 仓重拓

[日] 河村直子

U0063091

外语教学与研究出版社

北京

图书在版编目（CIP）数据

新标准日语教程：智慧版. 第三册 / 张元卉，高阳主编；（日）进藤优子
副主编；陈爱阳等编. —— 北京：外语教学与研究出版社，2024.6
（新标准日语 / 冯峰总主编）
ISBN 978-7-5213-5283-2

Ⅰ. ①新… Ⅱ. ①张… ②高… ③进… ④陈… Ⅲ. ①日语－高等学校－教材
Ⅳ. ①H369.39

中国国家版本馆 CIP 数据核字 (2024) 第 107372 号

出 版 人　王　芳
项目策划　杜红坡
责任编辑　戚　新
责任校对　王晓晴
封面设计　梧桐影
插图设计　抽　屉　苗思雨
出版发行　外语教学与研究出版社
社　　址　北京市西三环北路 19 号（100089）
网　　址　https://www.fltrp.com
印　　刷　天津善印科技有限公司
开　　本　787×1092　1/16
印　　张　17
字　　数　244 千字
版　　次　2024 年 6 月第 1 版
印　　次　2024 年 6 月第 1 次印刷
书　　号　ISBN 978-7-5213-5283-2
定　　价　78.00 元

如有图书采购需求，图书内容或印刷装订等问题，侵权、盗版书籍等线索，请拨打以下电话或关注官方服务号：
客服电话：400 898 7008
官方服务号：微信搜索并关注公众号"外研社官方服务号"
外研社购书网址：https://fltrp.tmall.com

物料号：352830001

新标准日语教程第三册

智慧版

单词与索引手册

目录

课文会话单词表

第1課　日本の伝統工芸

课文单词

❶	工芸⓪	【名】	工艺
❷	守る②	【他五】	保护
❸	継承⓪	【名・他サ】	继承
❹	技術①	【名】	技术
❺	～品	【名】	品，物品
❻	特徴⓪	【名】	特征，特色
❼	主に①	【副】	主要，多半
❽	熟練⓪	【名・形动・自サ】	熟练，熟悉
❾	必要だ⓪	【形动】	必要
❿	手工業②	【名】	手工业
⓫	織物⓪	【名】	纺织品
⓬	和紙①	【名】	和纸，日本纸
⓭	ガラス⓪	【名】	玻璃
⓮	製品⓪	【名】	制品，产品
⓯	ファン①	【名】	……迷，狂热爱好者
⓰	学ぶ⓪	【他五】	学；模仿
⓱	幾つか①	【副】	若干
⓲	冬②	【名】	冬，冬天

1

⑲	寒い（さむ）②	【形】	冷，寒冷
⑳	氷（こおり）⓪	【名】	冰
㉑	冷たい（つめ）⓪	【形】	凉的；冷淡的
㉒	無関心（むかんしん）②	【名・形動】	不关心；不介意，不感兴趣
㉓	販売（はんばい）⓪	【名・他サ】	卖，贩卖，出售
㉔	宣伝（せんでん）⓪	【名・自他サ】	宣传
㉕	無くなる（な）⓪	【自五】	丢失，遗失
㉖	課題（かだい）⓪	【名】	课题

会话单词

❶	久しぶり（ひさ）⓪	【名・形動】	久违，好久不见
❷	はあ①	【感】	啊，是
❸	先月（せんげつ）①	【名】	上个月
❹	ＤＶＤ（ディーブイディー）⑤	【名】	数字化视频光盘
❺	貸す（か）⓪	【他五】	借出，借给
❻	失くす（な）(無くす（な）)⓪	【他五】	丧失，丢掉
❼	声優（せいゆう）⓪	【名】	配音演员
❽	作品（さくひん）⓪	【名】	作品
❾	全部（ぜんぶ）①	【副】	全部
❿	借りる（か）⓪	【他一】	借入
⓫	うん①	【感】	嗯，好，行
⓬	～後（ご）	【接尾】	……后
⓭	～ヵ月（げつ）	【量】	……个月

2

⑭ ～ぶり 【接尾】 相隔……，经过……之后又……

第2課　オノマトペ

课文单词

❶ どのような ① 【連体】 什么样的

❷ ワンワン ① 【副】 (狗叫)汪汪

❸ オノマトペ ③ 【名】 象声词，拟声拟态词

❹ 擬声語 ⓪ 【名】 象声词

❺ 擬態語 ⓪ 【名】 拟态词，状态词

❻ フランス ⓪ 【名】 法国

❼ だらだら ① 【副・自サ】 喋喋不休，冗长

❽ 説明 ⓪ 【名・他サ】 说明，解释

❾ 様子 ⓪ 【名】 情况，状态

❿ ありあり ③ 【副】 清楚地，清晰地

⓫ 感覚 ⓪ 【名・他サ】 感觉

⓬ 効果 ① 【名】 效果

⓭ 何しろ ① 【副】 总之，不管怎样

⓮ 普通 ⓪ 【名・形動】 普通，通常

⓯ 辞書 ① 【名】 词典，辞典

⓰ 載せる（乗せる）⓪ 【他一】 登载，刊登；载，装上

⓱ 全て ① 【副】 全，全部

3

⑱ ～以上 ①	【名・接尾】	……以上，超过……
⑲ 新しい ④	【形】	新的；新鲜的
⑳ どんどん ①	【副】	连续不断，接二连三
㉑ 変わる (替わる・代わる) ⓪	【自五】	变化，改变，转变
㉒ 又は ②	【接】	或，或者
㉓ 言語 ①	【名】	语言
㉔ 方法 ⓪	【名】	方法
㉕ 大分 ⓪	【副】	相当，很

会话单词

❶ ～先 ⓪	【名】	……之处，……去处，目的地
❷ チン ①	【副】	叮 (微波炉发出的声音)
❸ どういう ①	【连体】	什么样的，怎样的
❹ 電子レンジ ④	【名】	微波炉
❺ 温める・暖める ④	【他一】	温，加热
❻ 鳴る ⓪	【自五】	鸣，响
❼ 後ろ ⓪	【名】	后，后面
❽ 動詞 ⓪	【名】	动词
❾ 森 ⓪	【名】	森林
❿ にこにこ ①	【副】	笑嘻嘻，笑眯眯
⓫ ドキドキ ①	【副】	心怦怦跳
⓬ キラキラ ①	【副】	亮晶晶，闪烁

⑬ なんだか ①　　　　　【副】　　　　　总觉得

⑭ 進む ⓪　　　　　　　【自五】　　　　前进，进步，进展

⑮ 増々・益々 ②　　　　【副】　　　　　愈发，更加

⑯ 慣れる ②　　　　　　【自一】　　　　惯于，习惯

⑰ そのうち ⓪　　　　　【副】　　　　　不久，过几天，过一
　　　　　　　　　　　　　　　　　　　　会儿

⑱ 近付く ③　　　　　　【自五】　　　　接近，靠近

第3課　時間の概念

課文单词

❶ 概念 ①　　　　　　　【名】　　　　　概念

❷ 電車 ⓪　　　　　　　【名】　　　　　电车

❸ バス ①　　　　　　　【名】　　　　　公共汽车

❹ 正確 ⓪　　　　　　　【名・形动】　　正确

❺ 遅刻 ⓪　　　　　　　【名・自サ】　　迟到

❻ マナー ①　　　　　　【名】　　　　　礼貌，礼节

❼ 違反 ⓪　　　　　　　【名・自サ】　　违反，违规

❽ 一般 ⓪　　　　　　　【名・形动】　　一般，普遍；普通

❾ 基本 ⓪　　　　　　　【名】　　　　　基本，基础

❿ 事前 ⓪　　　　　　　【名】　　　　　事先，事前

⓫ 知らせる ⓪　　　　　【他一】　　　　通知，告知

⓬ 最低限 ③　　　　　　【名】　　　　　最低限度，起码，下限

⓭ なるべく ⓪　　　　　【副】　　　　　尽量，尽可能

⑭ どのように ①	【副】	怎样地
⑮ 行動 ⓪	【名・自サ】	行动，行为
⑯ 約束 ⓪	【名・他サ】	约会，约定
⑰ 逆算 ⓪	【名・他サ】	倒推，逆行运算
⑱ 予定 ⓪	【名・他サ】	预定，预计
⑲ 偶然 ⓪	【名・形动・副】	偶然
⑳ 事故 ①	【名】	事故，事由
㉑ 間に合う ③	【自五】	赶得上，来得及
㉒ 連絡 ⓪	【名・自サ】	联络，联系
㉓ ～所為 ①	【名】	（引起某种不好结果的）缘故，原因
㉓ 機嫌 ⓪	【名】	心情，情绪
㉔ 思いやり ⓪	【名】	体贴，关怀
㉕ 表れる（現れる）④	【自一】	表现，流露，反映
㉖ 思いやる ④	【他五】	体谅，关怀

会话单词

❶ ねえ ①	【感】	哎，喂（同「ね」）
❷ 彼氏 ①	【名・代】	他；男朋友
❸ 増し ⓪	【名】	强于，胜过
❹ 場所 ⓪	【名】	地点，场所
❺ それに ⓪	【接】	并且，加之
❻ 一言 ②	【名】	一言，一句话
❼ 謝る ③	【自他五】	道歉，赔礼，谢罪

6

❽ 暑い（熱い）②	【形】	热，炎热，暑热
❾ 御免 ⓪	【名】	请原谅，对不起
❿ 全然 ⓪	【副】	（后接否定）一点也不……， 根本不……
⓫ ルーズだ ①	【形动】	松懈，散漫
⓬ 別れる ③	【自五】	分开，分手
⓭ まあまあ ①・まあ ①	【名・副】	好了，行了；还可以，尚可
⓮ 落ち着く ⓪	【自五】	平静，镇静；安稳，安定
⓯ 許す ②	【他五】	原谅，宽恕；允许，许可

第4課　ＱＲコード

🔰 课文单词

❶ ＱＲコード ⑥	【名】	二维码
❷ イメージ ②	【名・他サ】	形象，意象；映像，图像
❸ コツコツ ①	【副】	踏实地，孜孜不倦地
❹ 発明 ⓪	【名・他サ】	发明
❺ 偉大だ ⓪	【形动】	伟大
❻ バーコード ③	【名】	条形码
❼ データ ①	【名】	数据；事实，资料
❽ 読み取る ⓪	【他五】	领会，读懂，看明白
❾ それほど ⓪	【副】	（常后接否定）（不）那么， （不）那样
❿ そこで ⓪	【接】	因此，所以

⑪ 企業 ① (きぎょう)	【名】	企业
⑫ より ⓪	【副】	更，更加
⑬ 処理 ① (しょり)	【名・他サ】	处理，办理
⑭ プロジェクト ②	【名】	研究课题，计划，项目
⑮ たった ⓪	【副】	只，仅
⑯ 苦労 ① (くろう)	【名・自サ】	辛苦，劳苦，艰苦
⑰ 経る ① (へる)	【自一】	（时间）经过；通过，路过
⑱ 〜半 ① (はん)	【名】	……半，一半
⑲ 短い ③ (みじか)	【形】	短，短小
⑳ 期間 ① (きかん)	【名】	期间，期限
㉑ 一瞬 ⓪ (いっしゅん)	【名】	一瞬，一刹那
㉒ 誕生 ⓪ (たんじょう)	【名・自サ】	出生，诞生
㉓ 驚く ③ (おどろ)	【自五】	吃惊，惊讶
㉔ 無料 ⓪ (むりょう)	【名】	不要钱，免费
㉕ 公開 ⓪ (こうかい)	【名・他サ】	公开，开放
㉖ 場面 ① (ばめん)	【名】	场面，情景，场景
㉗ 役に立つ ⓪+① (やく た)	【组】	有用处，有益
㉘ 目的 ⓪ (もくてき)	【名】	目的，目标

会话单词

❶ ソロ ①	【名】	单独；独唱，独奏
❷ キャンプ ①	【名・自サ】	野营，露营
❸ 流行る ② (はや)	【自五】	盛行，流行，时髦
❹ 大勢 ③ (おおぜい)	【名・副】	许多人，众人

8

❺ 少し ② 【副】 稍微，一点

❻ 遊園地 ③ 【名】 游乐场

❼ 却って ① 【副】 相反地，反而

❽ 休み ③ 【名】 休息，休假

❾ 都合 ⓪ 【名・他サ】 合适（与否），情况

❿ 合わせる③ 【他一】 配合，调合，使适应

⓫ 一人ぼっち（独りぼっち）④【名】 单独一人，孤单一人

⓬ 逆（に）⓪ 【名】 逆，倒，反，颠倒

⓭ 見つける ⓪ 【他一】 找到，发现

第5課　日本語の相槌

课文单词

❶ 相槌 ⓪ 【名】 附和

❷ 打つ ① 【他五】 打，击

❸ 潤滑油 ④ 【名】 润滑油

❹ 進行 ⓪ 【名・自サ】 进展，进行；行进

❺ 役割 ⓪ 【名】 任务，角色，职务

❻ 果たす ② 【他五】 完成，实现

❼ 聞き手 ⓪ 【名】 听者，听众

❽ 話し手 ⓪ 【名】 说者，说话人

❾ 反応 ⓪ 【名・自サ】 反应

❿ 示す ② 【他五】 出示，表示

⓫ 能力 ① 【名】 能力

⑫ 深い② _{ふか}	【形】	深；浓厚
⑬ 理解① _{りかい}	【名·他サ】	理解，了解；体谅
⑭ 判断① _{はんだん}	【名·他サ】	判断
⑮ 不安⓪ _{ふあん}	【名·形动】	不安，不放心
⑯ 同士① _{どうし}	【名】	同伴，伙伴；彼此，们
⑰ 聞き上手③ _{ききじょうず}	【名】	善于听别人讲话
⑱ 非常⓪ _{ひじょう}	【名·形动】	非常，特别；紧急
⑲ 重要⓪ _{じゅうよう}	【名·形动】	重要，要紧
⑳ 営業⓪ _{えいぎょう}	【名·自サ】	营业，经商
㉑ ～マン①	【接尾】	……员，……家，……人
㉒ 客⓪ _{きゃく}	【名】	顾客；客人
㉓ 喋る② _{しゃべ}	【自他五】	说，讲；侃大山
㉔ タイミング⓪	【名】	时机
㉕ ええ①	【感】	哎，嗯
㉖ へえ⓪	【感】	啊，哎，哎呀
㉗ 適切⓪ _{てきせつ}	【名·形动】	适当，恰当
㉘ 最後① _{さいご}	【名】	最后，最终，最末
㉙ 折角⓪ _{せっかく}	【名·副】	特意，好不容易
㉚ 身に付ける⓪+② _{みつ}	【组】	掌握，学到（知识等）

会话单词

❶ この間⓪ _{あいだ}	【名】	最近，前几天，前些时候
❷ 店長① _{てんちょう}	【名】	店长

❸ パソコン ⓪ 【名】 个人电脑(「パーソナルコンピュータ⑧」的简称)

❹ 立ち上げる ⓪ 【他一】 (电脑、程序)启动；成立，设立

❺ だから ① 【接】 因此，所以

❻ 笑う ⓪ 【自他五】 笑；嘲笑

❼ ああ ① 【副・感】 啊，是，嗯

❽ 起動 ⓪ 【名・他サ】 启动，开动

❾ 持ち上げる ⓪ 【他一】 举起，拿起；奉承

❿ 単語 ⓪ 【名】 单词

⓫ ただ ① 【名・副】 唯，仅；免费

⓬ 繁げる ⓪ 【他一】 系，拴，连接

⓭ がっかり ③ 【副・自サ】 灰心，丧气，失望

第6課　新しい世代

課文单词

❶ マーケティング ⓪ 【名】 市场运营

❷ 中心 ⓪ 【名】 中心，当中

❸ 注目 ⓪ 【名・自他サ】 注目，注视

❹ 年代 ⓪ 【名】 年代，时代

❺ 後半 ⓪ 【名】 后半，后一半

❻ (～)頃 ① 【名】 时候，时期，……前后

❼ デジタル ① 【名】 数字，数码

⑧ ネイティブ ①	【名】	本地人；母语者
⑨ <ruby>更<rt>さら</rt></ruby>に ①	【副】	更，更加；再，重新
⑩ ～ならでは ①	【接】	只有……，唯有……
⑪ <ruby>機器<rt>きき</rt></ruby> ①	【名】	机器，器具
⑫ <ruby>身近<rt>みぢか</rt></ruby> ⓪	【名・形动】	身边，近旁；切身
⑬ <ruby>限<rt>かぎ</rt></ruby>る ②	【他五】	限，限定；最好，顶好
⑭ <ruby>抵抗<rt>ていこう</rt></ruby> ⓪	【名・他サ】	抵触；抵抗，反抗
⑮ ブランド ⓪	【名】	品牌，商标
⑯ テレビ ①	【名】	电视(机)
⑰ お<ruby>金<rt>かね</rt></ruby> ⓪	【名】	钱，货币
⑱ クーポン ①	【名】	优惠券；通票
⑲ <ruby>時代<rt>じだい</rt></ruby> ⓪	【名】	时代
⑳ <ruby>流<rt>なが</rt></ruby>れ ③	【名】	流，水流；流动，潮流
㉑ <ruby>共<rt>とも</rt></ruby>に ⓪	【副】	一起，共同；同时
㉒ テクノロジー ③	【名】	技术
㉓ <ruby>進化<rt>しんか</rt></ruby> ①	【名・自サ】	进化

会话单词

❶ <ruby>子<rt>こ</rt></ruby> ⓪	【名】	子女，孩子
❷ <ruby>下<rt>さ</rt></ruby>がる ②	【自五】	下降，降低
❸ <ruby>原因<rt>げんいん</rt></ruby> ⓪	【名・自サ】	原因
❹ <ruby>配信<rt>はいしん</rt></ruby> ⓪	【名・他サ】	(通过网络)发布信息、作品等
❺ プロ ①	【名】	职业，专业
❻ ゲーマー ①	【名】	电脑玩家，电竞选手

❼ 夢 ②	【名】	梦想，理想；梦，梦境
❽ ～者 ⓪	【接尾】	……者，……的人
❾ 番組 ⓪	【名】	节目
❿ 職業 ②	【名】	职业
⓫ ～位	【名】	……位，……名
⓬ 会社員 ③	【名】	公司职员
⓭ リモートワーク ⑤	【名】	远程办公
⓮ 絶対 ⓪	【名・副】	绝对，一定，无论如何
⓯ 賞金 ⓪	【名】	奖金，赏金
⓰ 賛成 ⓪	【名・自サ】	赞成，赞同

第 7 課　カレーを作る

🔰 课文单词

❶ ポーク ①	【名】	猪肉
❷ 材料 ③	【名】	材料，原料
❸ 豚肉 ⓪	【名】	猪肉
❹ ～ g ①	【量】	克
❺ 玉葱 ③	【名】	洋葱
❻ ～個	【量】	……个
❼ 人参 ⓪	【名】	胡萝卜
❽ ～本 ①	【量】	……根，……条
❾ ～CC ③	【量】	毫升；立方厘米
❿ ～箱 ⓪	【名・量】	……盒，……箱

13

⑪ バター ①	【名】	黄油
⑫ ～杯_{はい}	【量】	……杯，……碗
⑬ 匙_{さじ}①	【名】	匙，匙子，小勺
⑭ 大蒜_{にんにく}⓪	【名】	蒜，大蒜
⑮ トマトケチャップ⑤	【名】	番茄酱
⑯ 各_{かく}①	【名】	各自，各个
⑰ 野菜_{やさい}⓪	【名】	蔬菜，青菜
⑱ 大_{おお}～⓪	【接头】	大……
⑲ 鍋_{なべ}①	【名】	锅；火锅
⑳ 溶_とかす②	【他五】	熔化，溶化
㉑ 炒_{いた}める③	【他一】	炒，煎，爆
㉒ 入_いれる⓪	【他一】	装入，加入，送进
㉓ 煮_にる⓪	【他一】	煮，炖，熬
㉔ 沸騰_{ふっとう}⓪	【名・自サ】	沸腾，（水）开
㉕ 蓋_{ふた}⓪	【名】	盖儿，盖子
㉖ 弱火_{よわび}⓪	【名】	小火
㉗ 間_{あいだ}⓪	【名】	期间，时候；间隔
㉘ 数_{すう}～⓪	【接头】	数……，几……
㉙ 掻_かき混_まぜる④	【他一】	搅拌，搅和
㉚ ルー①	【名】	黄油面酱
㉛ 出来_{でき}上_あがる⓪	【自五】	完成，制成，做好

| ❶ 学校_{がっこう}⓪ | 【名】 | 学校 |

14

❷ 調理 ① 【名・他サ】 烹调，烹饪

❸ 実習 ⓪ 【名・他サ】 实习，见习

❹ 授業 ① 【名・自サ】 课，授课，上课

❺ 今日 ① 【名】 今日，今天

❻ カレー ⓪ 【名】 咖喱

❼ 牛肉 ⓪ 【名】 牛肉

❽ 鶏肉 ⓪ 【名】 鸡肉

❾ じゃが芋 ⓪ 【名】 马铃薯，土豆

❿ 冷凍庫 ③ 【名】 冷冻室，冷库

⓫ 匂い（臭い）② 【名】 气味，气息；香味(匂い)；臭味(臭い)

⓬ それでは③ 【接】 那么,那么说,那就

第8課　北海道旅行

课文单词

❶ ～地 【名】 ……场所，……地

❷ 奈良 ① 【名】 (地名)奈良

❸ 北 ⓪ 【名】 北，北方

❹ 降る ① 【自五】 下，降

❺ 新鮮だ ⓪ 【形動】 新鲜

❻ 海産物 ③ 【名】 海产品，海产

❼ 濃厚だ ⓪ 【形動】 浓厚，浓郁

❽ スイーツ ② 【名】 甜品，甜点

15

⑨ スキー ②	【名】	滑雪；滑雪板
⑩ 道路 ①	【名】	街道，道路
⑪ 走る ②	【自五】	跑
⑫ 軽快だ ⓪	【名・形动】	轻快，愉快
⑬ ドライブ ②	【名・自サ】	兜风，驾驶
⑭ ウインター ②	【名】	冬季，冬天
⑮ 数える ③	【他一】	数，计算
⑯ 生 ①	【名・接头】	生，鲜
⑰ 牛乳 ⓪	【名】	牛奶，牛乳
⑱ 苦手だ ⓪	【形动】	不擅长；难对付（的人）
⑲ ツアー ①	【名】	（团队）旅行
⑳ 申し込む ④	【他五】	申请，报名；提议
㉑ 効率 ⓪	【名】	效率

会话单词

❶ サークル ①	【名】	兴趣小组，同好会；圆圈
❷ 計画 ⓪	【名・他サ】	计划，规划，设计
❸ 出身 ⓪	【名】	籍贯，出生地
❹ 南方 ⓪	【名】	南方
❺ 魚 ⓪	【名】	鱼，鱼肉
❻ アイスクリーム ⑤	【名】	冰激凌
❼ チーズ ①	【名】	干酪，奶酪
❽ 流氷 ⓪	【名】	流冰，浮冰
❾ 得意 ②	【名・形动】	拿手，擅长

16

❿ もしかして ①	【副】	如果，假如
⓫ 転ぶ ⓪	【自五】	倒，跌倒
⓬ 恥ずかしい ④	【形】	羞，害羞
⓭ 今回 ①	【名】	此次，这番
⓮ 止める ⓪	【他一】	停止，停下

第 9 課　敬語

课文单词

❶ 礼儀 ③	【名】	礼仪，礼貌
❷ 大会 ⓪	【名】	大会
❸ 選手 ①	【名】	选手，运动员
❹ グラウンド ⓪	【名】	运动场
❺ 礼 ①	【名】	（鞠躬）行礼；礼节
❻ 重んじる ④	【他一】	注重，重视
❼ 秩序 ①	【名】	秩序
❽ 維持 ①	【名】	维持
❾ 欠く ⓪	【他五】	欠缺，缺少
❿ 作法 ①	【名】	礼节，礼仪
⓫ 敬意 ①	【名】	敬意
⓬ 表す（現す）③	【他五】	表现，表达，显露
⓭ 目上 ⓪	【名】	上司；长辈
⓮ 尊敬語 ⓪	【名】	敬语，尊敬语
⓯ 丁寧語 ⓪	【名】	郑重语，客气说法

⑯ 既<すで>に ①	【副】	已经，已然
⑰ 染<し>み込<こ>む ③	【自五】	渗入，渗透
⑱ いらっしゃる ④	【自五】	（敬语）来，去，在
⑲ 頂<いただ>く ⓪	【他五】	饮，吃；领受
⑳ 嫌<いや>だ ②	【形动】	讨厌，不喜欢
㉑ 気楽<きらく>だ ⓪	【形动】	轻松，舒适，安乐

◆ 会话单词

❶ 教授<きょうじゅ> ⓪	【名・他サ】	教授；教，讲授
❷ コンコン ⓪	【副】	咚咚（敲门声）；咳咳（咳嗽声）
❸ 失礼<しつれい> ②	【名・形动・自サ】	失礼，不礼貌；告辞
❹ 致<いた>す ②	【他五】	（自谦语）做，为，办
❺ 来年<らいねん> ⓪	【名】	来年，明年
❻ それで ⓪	【接】	因此，因而，所以
❼ 願<ねが>い ②	【名】	愿望；请求，要求
❽ 伺<うかが>う ⓪	【他五】	（自谦语）拜访，访问；询问
❾ 推薦状<すいせんじょう> ⓪	【名】	推荐信
❿ ござる ②	【自五】	（尊他语）在，来，去
⓫ ご覧<らん> ⓪	【名】	（尊他语）看，阅览
⓬ 存<ぞん>じる（存<ぞん>ずる）③	【自一・自サ】	（自谦语）想，认为；知道
⓭ しまった ②	【感】	糟了，糟糕
⓮ 申<もう>し訳<わけ>ない ⑥	【组】	对不起
⓯ 資料<しりょう> ①	【名】	资料
⓰ メール ⓪	【名】	邮件，邮政

18

⑰ 承知 ⓪　【名・他サ】　知道；同意

⑱ 畏まる ④　【自五】　（自谦语）明白，知道

第 10 課　お客様の怒り

课文单词

❶ 怒り ⓪　【名】　怒，愤怒

❷ 間違う ③　【自他五】　弄错，有误

❸ うっかり ③　【副・自サ】　无意中，不留神

❹ ミス ①　【名・自他サ】　差错，过失

❺ 悪気 ⓪　【名】　恶意，歹意

❻ そういう ⓪　【連体】　那样的

❼ 謝罪 ⓪　【名・自他サ】　道歉，谢罪

❽ 起こる ②　【自五】　发生，产生

❾ 間違える ④　【他一】　弄错，搞错

❿ 以下 ①　【名】　以下

⓫ 非 ①　【名】　错误，缺点

⓬ 認める ⓪　【他一】　同意，认可；认为，认定

⓭ 言い訳 ⓪　【名・自サ】　辩解，借口，说辞

⓮ 感情 ⓪　【名】　感情，情绪

⓯ 立場 ③　【名】　立场，处境

⓰ 被害 ①　【名】　受害，受灾

⓱ ぐっと ⓪　【副】　激动地，强烈地

⓲ 堪える ③　【他一】　忍受，忍耐

⓳ 事情 ⓪　【名】　情形，情况；原因

㉒ まず ①	【副】	先，首先，最初
㉑ 鎮_{しず}める ③	【他一】	使……平静，使……鎮静
㉒ 何_{なに}より ①	【名・副】	比什么（都好），再好不过，最好

会话单词

❶ 承_{うけたまわ}る ⑤	【他五】	（自谦语）聆听，恭听
❷ もしもし ①	【感】	（打电话时）喂
❸ 饂飩_{うどん} ⓪	【名】	乌冬面，日式粗面条
❹ 状態_{じょうたい} ⓪	【名】	状态，情况
❺ 〜様_{さま} ①	【接尾】	令，尊，贵
❻ 火傷_{やけど} ⓪	【名・自サ】	烧伤，烫伤
❼ 怪我_{けが} ②	【名・自サ】	伤，受伤
❽ 届_{とど}ける ③	【他一】	送到，送达
❾ 容器_{ようき} ①	【名】	容器
❿ 配達_{はいたつ} ⓪	【名・他サ】	送，投递
⓫ 〜員_{いん} ①	【接尾】	……人员，……員
⓬ 態度_{たいど} ①	【名】	态度，神态
⓭ 当然_{とうぜん} ⓪	【名・副・形动】	当然，应该
⓮ 指導_{しどう} ⓪	【名・他サ】	指导，引导，指教
⓯ 注文_{ちゅうもん} ⓪	【名・他サ】	订，订购，订货
⓰ 希望_{きぼう} ⓪	【名・他サ】	希望
⓱ それとも ③	【接】	或者，还是
⓲ 返金_{へんきん} ⓪	【名・自サ】	退钱，还款，还钱
⓳ 作_{つく}り直_{なお}す ⑤	【他五】	改作，改造，代替旧的重新做

㉗ 手配 ①	【名・自他サ】	准备，安排；通缉
㉑ 度 ②	【名】	次，回
㉒ 誠 ⓪	【名・形动】	真诚，诚意

第 11 課　SDGs

❶ 国連 ⓪	【名】	联合国（「国際連合⑤」的简称）
❷ 持続 ⓪	【名・自他サ】	持续，继续
❸ 開発 ⓪	【名・他サ】	开发，研制
❹ 目標 ⓪	【名】	目标
❺ 採択 ⓪	【名・他サ】	采纳，通过
❻ 国際 ⓪	【名】	国际
❼ 全体 ⓪	【名】	全体，全员
❽ ～以内 ①	【名】	……以内，……之内
❾ 達成 ⓪	【名・他サ】	达到，完成
❿ 密接 ⓪	【名・自サ・形动】	密切，紧密；紧挨着
⓫ プラスチック ④	【名】	塑料
⓬ ストロー ②	【名】	吸管
⓭ 紙 ②	【名】	纸，纸张
⓮ きっかけ ⓪	【名】	契机，机会
⓯ 海洋 ⓪	【名】	海洋
⓰ 資源 ①	【名】	资源
⓱ 保護 ①	【名・他サ】	保护
⓲ 地球 ⓪	【名】	地球

⑲ ～上^{じょう}	【接尾】	上，在……上
⑳ 先進^{せんしん} ⓪	【名】	先进，发达
㉑ ～国^{こく}	【名】	……国，……国家
㉒ 途上^{とじょう} ⓪	【名】	路上，中途
㉓ 一丸^{いちがん} ⓪	【名】	一个整体
㉔ 真剣^{しんけん}だ ⓪	【名・形动】	认真，一丝不苟

会话单词

❶ 分別^{ぶんべつ} ⓪	【名・他サ】	区分，分类
❷ 環境^{かんきょう} ⓪	【名】	环境
❸ 配慮^{はいりょ} ①	【名・自他サ】	关怀，照顾
❹ 貧困^{ひんこん} ⓪	【名・形动】	穷，贫穷
❺ 教育^{きょういく} ⓪	【名・他サ】	教育
❻ 不^ふ～	【接头】	不……
❼ 平等^{びょうどう} ⓪	【名・形动】	平等
❽ 飲^のみ込^こむ ③	【他五】	咽下，吞下；理解，领会
❾ 海豚^{イルカ} ⓪	【名】	海豚
❿ ニュース ①	【名】	新闻，消息
⓫ 興味^{きょうみ} ①	【名】	兴趣，兴致
⓬ 拾^{ひろ}う ⓪	【他五】	捡，拾
⓭ アイディア ①	【名】	主意，想法，念头
⓮ これから ⓪	【名・副】	今后，以后
⓯ 毎週^{まいしゅう} ⓪	【名】	每周，每星期
⓰ 部会^{ぶかい} ⓪	【名】	社团会议；部门会议
⓱ よし ①	【感】	好，行，可以

⑱ 提案 ⓪ 　　　　【名・他サ】　　　提案，提议，建议

第 12 課　異文化交流

🔻 课文单词

❶ 異文化 ② 　　　　【名】　　　异文化，不同文化

❷ 自国 ⓪ 　　　　【名】　　　本国，自己的国家

❸ 習慣 ⓪ 　　　　【名】　　　习惯，风俗

❹ 違い ⓪ 　　　　【名】　　　差，差异，差别，区别

❺ カルチャー ① 　　　　【名】　　　文化，文明；教养

❻ ショック ① 　　　　【名】　　　冲击，打击

❼ 戸惑う ③ 　　　　【自五】　　　困惑，不知所措

❽ 心理学 ③ 　　　　【名】　　　心理学

❾ 観点 ① 　　　　【名】　　　观点

❿ 自然 ⓪ 　　　　【名・形动】　　　大自然，自然界；自然

⓫ 乗り越える ④ 　　　　【自一】　　　战胜，克服；越过，超过

⓬ 渡航 ⓪ 　　　　【名・自サ】　　　出国，出洋

⓭ 浮かれる ⓪ 　　　　【自一】　　　兴奋，兴冲冲

⓮ ～気味 ② 　　　　【接尾】　　　有点……，有……倾向

⓯ 暫く ② 　　　　【副】　　　一会儿，不久；好久，许久

⓰ 孤独 ⓪ 　　　　【名・形动】　　　孤独

⓱ 湧く(涌く) ⓪ 　　　　【自五】　　　涌现，产生；涌出，喷出

⓲ 経つ ① 　　　　【自五】　　　经；过

⓳ 徐々(に) ① 　　　　【副】　　　徐徐，逐渐，慢慢

⓴ 滞在 ⓪ 　　　　【名・自サ】　　　旅居，逗留

㉑ 受け入れる ④	【他一】	接受，接纳，承认
㉒ 他国 ⓪	【名・自サ】	他国，他乡
㉓ 気付く ②	【自五】	发现，察觉，意识到
㉔ 腹を立てる ②+②	【组】	生气，发怒
㉕ 寧ろ ①	【副】	索性，宁可，莫如
㉖ 自ら ①	【名・副】	自己，自身；亲自
㉗ 溶け込む ⓪	【自五】	融入，融合

会话单词

❶ 蕎麦 ①	【名】	荞麦；荞麦面条
❷ 麺 ①	【名】	面条，面食
❸ 啜る ⓪	【他五】	吸，啜饮，吸食（面条等）
❹ 香り ⓪	【名】	芬芳，香气
❺ 風味 ①	【名】	风味，味道
❻ 生もの ②	【名】	生食，生鲜
❼ 怖い(恐い) ②	【形】	可怕的，恐怖的
❽ 刺身 ③	【名】	生鱼片
❾ 卵(玉子) ②	【名】	鸡蛋
❿ 韓国 ①	【名】	韩国
⓫ 茶碗 ⓪	【名】	碗，茶碗
⓬ 皿 ⓪	【名】	盘子，碟子
⓭ アジア ①	【名】	亚洲
⓮ 見せる ②	【他一】	让……看
⓯ お辞儀 ⓪	【名・自サ】	鞠躬，行礼
⓰ 似る ⓪	【自一】	像，似

单词语法索引

25

いしょう①【衣装】-5B

～いじょう①【～以上】-2A

～いじょう（は）【～以上（は）】-2A/5D

いたい②【痛い】-4B

いだいだ⓪【偉大だ】-4A

いただく⓪【頂く】-9A

いたす②【致す】-9A

いためる③【炒める】-7A

いちいち②【一々】-2B

いちがん⓪【一丸】-11A

いっこう（に）⓪【一向（に）】-6B

いっしゅん⓪【一瞬】-4A

いっぱん⓪【一般】-3A

いっぴき④【一匹】-4B

～いっぽうだ【～一方だ】-6D

～いっぽう（で）【～一方（で）】-1D

いとこ②【従兄弟・従姉妹】-9C

～いない①【～以内】-11A

いなか⓪【田舎】-12C

いはん⓪【違反】-3A

いぶんか②【異文化】-12A

いまさら①【今更】-12B

いみあい⓪【意味合い】-9B

イメージ②-4A

いやだ②【嫌だ】-9A

いらい⓪【依頼】-3B

いらっしゃる④-9A

イルカ⓪【海豚】-11A

いれる⓪【入れる】-7A

いろ②【色】-3B

いわい⓪【祝い】-3B

～いん①【～員】-10A

インスタントラーメン⑦-4t

ウインター②-8A

うかがう⓪【伺う】-9A

うかれる⓪【浮かれる】-12A

うけいれる④【受け入れる】-12A

うけたまわる⑤【承る】-10A

うけとる⓪【受け取る】-7B

うしろ⓪【後ろ】-2A

うそ①【嘘】-7B

うち⓪【内】-2A

うちあわせ⓪【打ち合わせ】-10t

～うちに【～内に】-7D

うつ①【打つ】-5A

うっかり③-10A

うとうと①-2C

うどん⓪【饂飩】-7t/10A

うみだす③【生み出す】-6B

うやまう③【敬う】-9t

うれしい③【嬉しい】-2t/4B

うれる⓪【売れる】-10B

うんてんしゅ③【運転手】-6C

うんどうじょう⓪【運動場】-10B

うんどうぶ③【運動部】-3B

えいぎょう⓪【営業】-5A

えいせい⓪【衛生】-8B

えいよう⓪【栄養】-7t

ええ①-5A

えきべん◎【駅弁】-8C

えきまえ③【駅前】-10B

エコバッグ③-11t

エコロジー②-11C

えはがき②【絵葉書】-3B

えんかつだ◎【円滑だ】-9t

えんき◎【延期】-1B

えんぎ①【演技】-5B

えんそう◎【演奏】-5B

えんぴつ◎【鉛筆】-7C

えんもく◎【演目】-5B

おうえん◎【応援】-4B

おうべい◎【欧米】-3B

おお〜◎【大〜】-7A

おおあめ③【大雨】-1t

おおぜい③【大勢】-4A

おおはば◎【大幅】-3B

おおみそか③【大晦日】-7B

おかしい③【可笑しい】-4B

おかね◎【お金】-2B/6A

〜おきに【〜置きに】-7D

おくまんちょうじゃ⑤【億万長者】-6A

おこなう◎【行う】-3B/5B/9t

おこる②【起こる】-10A

おごる◎【奢る】-3t

おじぎ◎【お辞儀】-12A

おしつける④【押し付ける】-11B

おす◎【押す】-6t

おせん◎【汚染】-11t

おぞましい④【悍ましい】-11B

〜おそれがある【〜恐れがある】-11D

おそれる③【恐れる】-5t/10C

おそろしい④【恐ろしい】-11B

オゾンそう②【オゾン層】-11C

おちつく◎【落ち着く】-3A

おちゃ◎【お茶】-3B/9t

おとす②【落とす】-2B

おとしより◎【お年寄り】-9B

おどろく③【驚く】-4A

オノマトペ③-2A

おばあさん【お祖母さん】-7B

おまえ◎【お前】-6t

オムライス③-9t

おもい◎【重い】-9B

おもいうかぶ⑤【思い浮かぶ】-7B

おもいやり④【思いやり】-3A

おもいやる④【思いやる】-3A

おもちゃ②【玩具】-7B

おもに①【主に】-1A

おもんじる④【重んじる】-9A

おりもの◎【織物】-1A

オリンピック④-5B

おれい◎【お礼】-12t

おんがくか◎【音楽家】-6C

おんせい①【音声】-3B

おんだんか◎【温暖化】-11C

オンライン③-3B

27

カード①-3B

かいき①【会期】-3C

がいこくご⓪【外国語】-4B

がいこくじん④【外国人】-5B

かいさい⓪【開催】-7B

かいさつぐち④【改札口】-4C

かいさんぶつ③【海産物】-8A

かいしゃいん③【会社員】-6A

かいしょう⓪【解消】-11B

がいしょく⓪【外食】-8B

かいとう⓪【回答】-11B

かいはつ⓪【開発】-11A

かいめん⓪【海面】-11C

かいよう⓪【海洋】-11A

かえって①【却って】-4A

かえる⓪【変える】-11B

かお⓪【顔】-10B

かおり⓪【香り・香】-12A

かきこみ⓪【書き込み】-11B

かきまぜる④【掻き混ぜる】-7A

かぎる②【限る】-1B/6A

かく①【各】-7A

かく⓪【欠く】-9A

～がく【～学】-12t

かくす②【隠す】-2t

かくにん⓪【確認】-1B

がくひ⓪【学費】-2B

がくもん②【学問】-4B

～かげつ【～ヵ月】-1A

かしこまる④【畏まる】-9A

かす⓪【貸す】-1A

かず①【数】-3B/6B

かぜ⓪【風】-1t

かぜぐすり③【風邪薬】-1B

がぞう⓪【画像】-6t

かぞえる③【数える】-8A

かだい⓪【課題】-1A

～がたい【～難い】-12D

がたがた⓪-2C

かたて⓪【片手】-8B

かつ①【勝つ】-4B

がっかり③-5A

がっき⓪【楽器】-5B

がっこう⓪【学校】-5t /4B/7A

かっとう⓪【葛藤】-6B

～かどうか-1D

かなしい⓪【悲しい】-1B

かなしみ⓪【悲しみ】-6B

かなしむ③【悲しむ】-12B

かねる②【兼ねる】-8B

かばん⓪【鞄】-6B

かへい①【貨幣】-7B

かみ②【紙】-11A

かむ①【噛む】-10B

カメラ①-2B

がめん①【画面】-6t

かものちょうめい④【鴨長明】-6B

がやがや①-2C

かよう⓪【通う】-2B

からい②【辛い】-7t/8B

28

カラオケ⓪-4t

ガラス⓪-1A

〜からする（〜から見る/〜から言う）-2D

からっぽ⓪【空っぽ】-12B

〜から〜にかけて-1D

ガリガリ①-10B

かりる⓪【借りる】-1A

カルチャー①-12A

カルチャーショック⑤-10B

カレー⓪-7A

かれし①【彼氏】-3A

かわ②【川】-1t

かわる③【替わる・代わる・変わる】-2A

かんかく⓪【感覚】-2A

かんきょう⓪【環境】-8B/11A

かんけつだ⓪【簡潔だ】-11B

かんこく①【韓国】-12A

かんしょう⓪【鑑賞】-5B

かんじょう⓪【感情】-10A

かんそう⓪【感想】-4B

かんづめ③【缶詰】-1B

かんてん①【観点】-12A

かんとう①【関東】-1B

かんどう⓪【感動】-6B

カンボジア⓪-10B

かんり①【管理】-5C/7B

キオスク（キヨスク）②-4C

きおん⓪【気温】-12B

きかん①【期間】-4A

きき①【機器】-6A

ききじょうず③【聞き上手】-5A

ききて⓪【聞き手】-5A

きぎょう①【企業】-4A

きげん⓪【機嫌】-3A

きげん①【期限】-12t/1B

きこうへんどう④【気候変動】-11C

きざみこむ④【刻み込む】-11B

ぎじゅつ①【技術】-1A

ぎせいご⓪【擬声語】-2A

きた⓪【北】-8A

ぎたいご⓪【擬態語】-2A

きちんと②-3t

きっかけ-11A

きづく⓪【気付く】-11B/12A

キッチン①-12B

きどあいらく①【喜怒哀楽】-5B

きどう⓪【起動】-5A

きになる【気になる】⓪+①-12B

きぶんや⓪【気分屋】-11B

きぼう⓪【希望】-10A

きほん⓪【基本】-3A

きまつ①【期末】-3C

きまる⓪【決まる】-7B/9t

〜ぎみ②【〜気味】-12A

きめる⓪【決める】-5B

ぎもん⓪【疑問】-4B

きゃく⓪【客】-5A

ぎゃく（に）⓪【逆(に)】-4A

ぎゃくさん⓪【逆算】-3A

キャラクター①-5B

キャンプ①-4A

キューアールコード⑥【QRコード】-4A

きゅうじつ⓪【休日】-5B

ぎゅうにく⓪【牛肉】-7A

ぎゅうにゅう⓪【牛乳】-8A

きゅうよう⓪【急用】-1B

きょう①【今日】-2B/7A

きょういく⓪【教育】-11A

きょうかしょ③【教科書】-8B

きょうげき⓪【京劇】-5B

きょうし①【教師】-6C

ぎょうじ①【行事】-7B

きょうじゅ⓪【教授】-9A

ぎょうせき⓪【業績】-2B

きょうふ①【恐怖】-10C/11B

きょうみ①【興味】-11A

ぎょうむ①【業務】-2B

きらいだ⓪【嫌いだ】-5B/6t

きらきら①-2A

きらくだ⓪【気楽だ】-9A

～きり(范围)-1D

～きる・きれる【～切る・～切れる】-7D

きれる②【切れる】-1B

ぎろん①【議論】-12B

きんぞく①【金属】-8B

きんぱつ⓪【金髪】-5B

ぐうぜん⓪【偶然】-3A

クーポン①-6A

くすくす①-2C

くすり⓪【薬】-7B/7t

～くせ(に)②【～癖(に)】-3D

ぐたいてきだ⓪【具体的だ】-2B

くつ②【靴】-12B/1A

ぐっと⓪-10A

グッズ①-7B

くやしい③【悔しい】-4B

グラウンド⓪-9A

クラスメート④-6B/9C

～グラム①【g/G】-7A

クリスマス③-3B

くる①【来る】-9B

グループ②-4t

くるしい③【苦しい】-10C/11B

くろう①【苦労】-4A

くわしい③【詳しい】-3B

けいい①【敬意】-9A

けいかいだ⓪【軽快だ】-8A

けいかく⓪【計画】-8A

ケーキ①-3t

けいけん⓪【経験】-4B/10t

けいさつ⓪【警察】-2B

けいさん⓪【計算】-3B

けいしき⓪【形式】-12t

げいじゅつか⓪【芸術家】-6C

けいしょう⓪【継承】-1A

ケース①-9B

30

ゲーマー①-6A

けが②【怪我】-10A

けさ①【今朝】-1B

けしゴム⓪【消しゴム】-7C

けはい①【気配】-11B

げんいん⓪【原因】-6A

けんがく⓪【見学】-5B

げんご①【言語】-2A

げんざい①【現在】-5B

けんじょうご⓪【謙譲語】-9B

げんしょう⓪【減少】-3B

げんち①【現地】-10B

げんどうりょく③【原動力】-4B

げんば⓪【現場】-10B

けんりょく①【権利】-7B

こ⓪【子】-5C/6A

～こ【～個】-7A

～ご⓪【～後】-1A

こい①【恋】-6B

こいしい③【恋しい】-12t

こいびと⓪【恋人】-9B

こうあつてきだ⓪【高圧的だ】-11B

こううん⓪【幸運】-7B

こうか①【効果】-1B/2A

こうかい⓪【公開】-4A

こうかい①【後悔】-10C/10t

こうがい⓪【公害】-11C

ごうかく⓪【合格】-2B

ごうかくしゃ④【合格者】-10B

こうきしん③【好奇心】-4B

こうげい⓪【工芸】-1A

こうこく⓪【広告】-10t

こうしんりょう③【香辛料】-7t

こうどう⓪【行動】-3A

こうはん⓪【後半】-6A

こうふん⓪【興奮】-10C

こうりつ⓪【効率】-8A

こうろうむ③【紅楼夢】-6B

コート①-7C

こおり⓪【氷】-1A

コオロギ①-10B

ごがくのうりょく④【語学能力】-5C

こきゅう①【故宮】-5B

～こく【国】-11A

こくさい⓪【国際】-5B/11A

こくじょう⓪【国情】-12C

こくない②【国内】-8B

こくふく⓪【克服】-11B

こくみん⓪【国民】-7t

こくれん⓪【国連(国際連合⑤)】-11A

こころ②【心】-10t

こころがける⑤【心掛ける】-8t

ござる②-9A

～こそ--4D

こそこそ①-2C

こだわる③【拘る】-9B

ごっかん⓪【極寒】-1t

コツコツ①-4A

～こと-10D

こどく⓪【孤独】-12A

〜ことなく-10D

〜ことに-4D

〜ことはない-5D

ことわる③【断る】-9B

このあいだ⓪【この間】-5A

このまま⓪-11t

このよ⓪【この世】-6t

コピー①-6t

こまる②【困る】-2B

コミュニケーション④-9t/11B

ごめん⓪【御免】-3A

ごめんなさい⑤【御免なさい】-3t

こらえる③【堪える】-10A

ごらん⓪【ご覧】-9A

これから⓪-11A

（〜）ころ/ごろ①【（〜）頃】-6A

ごろごろ①-2C

コロナ①-6B

ころぶ⓪【転ぶ】-8A

こわい②【怖い・恐い】-11B/12A

こんかい①【今回】-8A

こんげん③【根源】-2B

こんご⓪【今後】-2B

コンコン①-9A

こんや①【今夜】-12B

さ⓪【差】-4B

サークル①-8A

さいげつ①【歳月】-3C

さいご①【最後】-5A

さいしゅうわ③【最終話】-9B

さいしん⓪【最新】-6t

さいたく⓪【採択】-11A

さいていげん③【最低限】-3A

さいゆうき③【西遊記】-5B

ざいりょう③【材料】-7A

ざいしつ⓪【材質】-8B

さいふ⓪【財布】-7C

サイン①-1B

〜さえ-6D

さかな⓪【魚】-8A/1B

さがる②【下がる】-6A

〜さき⓪【〜先】-2A

さぎょう①【作業】-1t

さくひん⓪【作品】-1A

さける②【避ける】-11B

ささえる⓪【支える】-4B

ささる②【刺さる】-10t

さじ①【匙】-7A

さしみ③【刺身】-12A

さす①【刺す】-8B

さすが（に）⓪-6t

〜(さ)せられる(使役被動)-11D

さつ⓪【札】-7B

さつえい⓪【撮影】-10B

さっか⓪【作家】-6C

サッカー①-1t

さっかく⓪【錯覚】-11B

ざつぎ①【雑技】-5B

さばくか⓪【砂漠化】-11C

さほう①【作法】-9A

〜さま①【〜様】-10A

さます②【覚ます】-12B

さむい②【寒い】-7C/1A

さゆう①【左右】-9B

さら⓪【皿】-10B/12A

さら(に)①【更(に)】-4B/6A

サラリーマン③-11B

〜さま【〜様】-4t

さんか⓪【参加】-5B

さんごくし④【三国志】-5B

さんせい⓪【賛成】-4B/6A

ざんねんだ③【残念だ】-4B

さんらん⓪【散乱】-12B

しあい【試合】-1t/4B

〜シーシー【cc/CC】-7A

しあわせ⓪【幸せ】-6B

シェアサイクル③-4C

シーン①-9B

シェークスピア⑤-5B

しおどき⓪【潮時】-3C

しかる⓪【叱る】-10t

じきゅう⓪【時給】-2B

しきょう⓪【詩経】-6B

しけん②【試験】-1B

しげん①【資源】-11A

じげん⓪【時限】-3C

じこ①【事故】-3A

しこうほう⓪【思考法】-11B

じこく⓪【自国】-12A

じしょ①【辞書】-2A

じじょう⓪【事情】-10A

しずめる③【鎮める】-10A

しぜん⓪【自然】-8t/12A

じぜん⓪【事前】-3A

しせんしょう②【四川省】-8B

じぞく⓪【持続】-11A

じだい⓪【時代】-2B/6A

しつ⓪【質】-6B

しっかく⓪【失格】-1B

しっき⓪【漆器】-1C

じっさい⓪【実際】-5B

じっしゅう⓪【実習】-7A

しっぱい⓪【失敗】-4B/10t

しつぼう⓪【失望】-10t

しつもん⓪【質問】-2B/2t

じつりょく⓪【実力】-2B

しつれい②【失礼】-9A

しどう⓪【指導】-10A

じどうかいさつき⑦【自動改札機】-4t

しはい①【支配】-7B

しはん⓪【市販】-1B

しばらく②【暫く】-12A

じぶん①【時分】-3C

しぼう⓪【志望】-5C

しまった②-9A

しみこむ③【染み込む】-9A

じむしょ②【事務所】-10B

しめす②【示す】-5A

〜しゃ⓪【〜者】-6A

ジャーナリスト④-6C

しゃかいじん②【社会人】-6B

じゃがいも⓪【じゃが芋】-7A

しゃざい⓪【謝罪】-10A

しゃちょう⓪【社長】-9B

しゃべる②【喋る】-5A

しゅう【週】-4t

しゅうかん⓪【習慣】-12A

しゅうきょう①【宗教】-12C

じゅしょう⓪【受賞】-10B

しゅうしょく⓪【就職】-4B

しゅうぞく①【習俗】-12C

じゅうよう⓪【重要】-5A

じゅぎょう①【授業】-2t/7A

しゅくはく⓪【宿泊】-8C

じゅくれん⓪【熟練】-1A

しゅこうぎょう②【手工業】-1A

しゅちょう⓪【主張】-1B

しゅっきん⓪【出勤】-2B

しゅっしん⓪【出身】-8A

しゅっしんち③【出身地】-8B

しゅっちょう⓪【出張】-11B

しゅやく⓪【主役】-9B

しゅるい①【種類】-9t

しゅんじゅう⓪【春秋】-3C

しゅんせつ⓪【春節】-7B

じゅんかつゆ④【潤滑油】-5A

しゅんかん⓪【瞬間】-10B/3C

じゅんかん⓪【循環】-2B

じゅんちょうだ⓪【順調だ】-10B

～じょう【～上】-11A

じょうい①【上位】-11B

しょうがつ④【正月】-3B

しょうきん⓪【賞金】-6A

じょうし①【上司】-11B

しょうし-こうれいか①+⓪【少子高齢化】-5B

しょうしょう①【少々】-9t

しょうじる⓪【生じる】-6B

しょうせつ⓪【小説】-7B

しょうたい①【招待】-10B

じょうたい⓪【状態】-10A

しょうち⓪【承知】-9A

しょうちょう⓪【象徴】-7B

しょうひ⓪【消費】-1B

しょうみきげん④【賞味期限】-1B

じょうりく⓪【上陸】-11B

しょかつこうめい⑤【諸葛孔明】-5B

しょくぎょう②【職業】-6A

しょくば⓪【職場】-11B

しょくひん⓪【食品】-1B

しょくよく⓪【食欲】-7t

しょくりん⓪【植林】-11C

じょじょ(に)①【徐々(に)】-12A

しょしんしゃ②【初心者】-8B

しょっき⓪【食器】-8B

ショック①-12A

しょぶん①【処分】-1B

しょり①【処理】-4A

しらせる⓪【知らせる】-3A

じりき⓪【自力】-12t

じりつ⓪【自立】-4t

しりょう①【資料】-9A

しんか①【進化】-6A

しんけんだ⓪【真剣だ】-2B/11A

しんこう⓪【進行】-5A

じんこう⓪【人口】-3B

しんこくだ⓪【深刻だ】-8B

しんじる③【信じる】-7B/10t

しんずい⓪【真髄】-5B

しんせい⓪【申請】-5C

しんせき⓪【親戚】-9C

しんせんだ⓪【新鮮だ】-8A

しんねん①【新年】-3B

じんもん⓪【尋問】-2B

しんゆう⓪【親友】-9C

しんりがく③【心理学】-10B/12A

しんりん⓪【森林】-8B

じんるい①【人類】-11t

すいこでん③【水滸伝】-5B

すいすい①-2C

すいせんじょう⓪【推薦状】-9A

すいぞくかん③【水族館】-5B

スイーツ②-8A

ずいぶん①【随分】-12t

すいません④-3t

すう⓪【吸う】-7B

すう〜⓪【数〜】-7A

すうじ⓪【数字】-2B

スーパー①-11t/1B

ずかんそくねつ①【頭寒足熱】-8t

スキー②-8A

スキャン②-4C

すこし②【少し】-4A

すすぐ⓪【濯ぐ】-1t

すずしい③【涼しい】-3t

すすむ⓪【進む】-2A

すする⓪【啜る】-12A

スタッフ②-10B

〜ずつ-4D

ステーキ②-9t

すでに①【既に】-9A

すてる⓪【捨てる】-5B

ストレス②-11B

ストロー②-11A

すべて①【全て】-2A

ズボン②-7C

スリッパ①-7C

〜せい①【所為】-3A

せいかく⓪【正確】-3A

せいかつひ④【生活費】-2B

せいこう⓪【成功】-6B

せいしん①【精神】-4t

せいせん⓪【生鮮】-1B

ぜいたく③【贅沢】-1B

〜せいで-3D

せいひん⓪【製品】-1A

せいべつ⓪【性別】-4B

せいゆう⓪【声優】-1A

せき①【咳】-1t

せき①【席】-9t

せきにんしゃ③【責任者】-12B

せっかく⓪【折角】-5A

せっきょう③【説教】-11B

ぜっきょう⓪【絶叫】-10B

ぜったい⓪【絶対】-6A

せつめい⓪【説明】-2A

ぜつめつ⓪【絶滅】-11t

せめる②【責める】-12B

せりふ⓪【台詞】-1B

ぜん①【善】-6B

ぜん⓪【膳】-8B

ぜん～【全～】-11t

せんげつ①【先月】-1A

せんげん③【宣言】-9B

ぜんご①【前後】-3B

ぜんこく①【全国】-11B

せんじつ⓪【先日】-9B

せんしゅ①【選手】-9A

せんしゅう⓪【先週】-1t

せんしん⓪【先進】-11A

せんす⓪【扇子】-1C

ぜんぜん⓪【全然】-3A

ぜんたい⓪【全体】-11A

せんたく⓪【選択】-9B

せんでん⓪【宣伝】-1A

ぜんねん⓪【前年】-3B

ぜんぶ①【全部】-1A

そういう⓪-10A

ぞうしん⓪【増進】-7t

そうだん⓪【相談】-3B

そこで⓪-4A

そだつ②【育つ】-11B

そだてる③【育てる】-9B

そのうち⓪-2A

そば①【蕎麦】-12A

そめもの⓪【染物】-1C

それで⓪-2B/9A

それでは③-7A

それとも③-5B/10A

それに⓪-3A

それほど⓪-4A

ソロ①-4A

そろばん⓪【算盤】-1C

そんけいご⓪【尊敬語】-9A

ぞんじる・ぞんずる③【存じる・存ずる】-9A

そんちょう⓪【尊重】-3t

ダイエット①-9B

たいかい⓪【大会】-9A

たいざい⓪【滞在】-10B/12A

たいしかん③【大使館】-5C

たいしょう⓪【対象】-11B

たいど①【態度】-10A

だいとし③【大都市】-1B

だいぶ⓪【大分】-2A

タイミング⓪-5A

たいりつ⓪【対立】-6B

たいりょく①【体力】-2B

たえる②【絶える】-6B

たえる②【耐える】-12B

だから①-5A

〜たがる--6D

たけ⓪【竹】-8B

たこく⓪【他国】-12A

たしょう⓪【多少】-4B

たすかる③【助かる】-1B

ただ①-5A

ただし①【但し】-1t

たちあげる⓪【立ち上げる】-5A

たちいりきんし⓪【立入禁止】-1B

たちば③【立場】-10A

たつ①【経つ】-2B/12A

たっせい⓪【達成】-11A

たった⓪-4A

だって①-12B

たっぷり③-7t

たとえ〜ても(でも)-8D

たにん⓪【他人】-4t/11B

タバコ⓪-7B

たび②【度】-10A

たびさき⓪【旅先】-8C

たまご②【卵・玉子】-12A

だます②【騙す】-10t

たまねぎ③【玉葱】-7A

だまる②【黙る】-4B

ためる⓪【貯める】-2B

だめだ②【駄目だ】-4B/12t

だらだら①-2A

たんご⓪【単語】-3B/5A

だんじょ①【男女】-8t/11B

たんじょう⓪【誕生】-4A

たんじょうび③【誕生日】-2B/6t

たんす⓪【箪笥】-1C

たんとう⓪【担当】-2B

〜ち【〜地】-8A

チーズ①-8A/1B

チェーンてん【チェーン店】①-4C

ちがい⓪【違い】-12A

ちかく②【近く】-7B

ちかづく③【近付く】-2A

ちかてつ⓪【地下鉄】-4C

ちこく⓪【遅刻】-1B/3A

ちきゅう⓪【地球】-11A

ちじん⓪【知人】-9C

ちつじょ①【秩序】-9A

ちほう⓪【地方】-12C

チャージ①-4C

チャレンジ②-4B

ちゃわん⓪【茶碗】-12A

チャンス①-10B

ちゅうし⓪【中止】-10B

ちゅうしん⓪【中心】-6A

ちゅうじゅん⓪【中旬】-1B

ちゅうや①【昼夜】-8B

ちゅうもく⓪【注目】-6A

ちゅうもん⓪【注文】-10A

ちょうり①【調理】-7A

ちょうりし③【調理師】-6C

ちょきん⓪【貯金】-3B

チョコレート③-3B

ちらかす⓪【散らかす】-12B

チン①-2A

ツアー①-8A

つうちょう⓪【通帳】-2B

つかいすて⓪【使い捨て】-8B

～つき②【付き】-3B

つきあい③【付き合い】-11B

つぎつぎ②【次々】-11t

つくりなおす②【作り直す】-10A

～っけ-8D

つごう⓪【都合】-4A

つづく⓪【続く】-2B

つなげる⓪【繋げる】-5A

つなみ⓪【津波】-11B

つまみ⓪-10B

つめたい⓪【冷たい】-1A

つらい②【辛い】-1t/10C

つるつる①-2C

ていあん⓪【提案】-11A

ディーブイ ディー⑤【DVD】-1A

ていこう⓪【抵抗】-6A

ていしゅつ⓪【提出】-12t

ティッシュペーパー④-7C

ていちょうだ⓪【丁重だ】-9t

ディッシュペーパー④-11B

ていねいご⓪【丁寧語】-9A

ていばん⓪【定番】-5B

データ①-4A

テーマ①-6B

でかける⓪【出かける】-1B

できあがる⓪【出来上がる】-7A

てきせつ⓪【適切】-5A

テクノロジー③-6A

～てごらん【～てご覧】-9D

～て(で)しかたがない【～て仕方がない】-1D

デザイナー②-6C

デジタル①-6A

てつだい③【手伝い】-2B

てつづき②【手続】-5C

てつや⓪【徹夜】-12t

～ては(条件)-9D

てはい①【手配】-10A

～てはいられない-4D

～てはじめて【～て初めて】-11D

でまえ⓪【出前】-8B

～てみせる-6D

～でも(助詞，列挙)-3D

～てもかまわない【～ても構わない】/てもいい-7D

～てもはじまらない【～ても始まらない】-12D

テレビ①-6A

てんき①【天気】-1t/8B

でんきすいはんき⑥【電気炊飯器】-4t

でんしメール④【電子メール】-3B

でんしゃ⓪【電車】-3A

てんしょく⓪【転職】-11B

でんしレンジ④【電子レンジ】-2A

てんちょう①【店長】-5A

～といい・～ばいい-5D

～ということ（だ）【～と言うこと（だ）】-1D

～といった【～と言った】-1D

～といっても【～と言っても】-4D

どういう①-2A

とうき①【冬季】-5B

どうき⓪【動機】-5C

どうき①【同期】-9C

どうきゅうせい③【同級生】-9C

どうきょう⓪【同郷】-9C

どうぐ③【道具】-8B

とうじ①【当時】-3B

どうし⓪【動詞】-2A

どうし①【同士】-5A

どうじに⓪【同時に】-6t/11B

とうじき③【陶磁器】-1C

とうぜん⓪【当然】-10A

とうほく⓪【東北】-1B

どうりょう⓪【同僚】-9C/10B

どうろ①【道路】-8A

とかす②【溶かす】-7A

ドキドキ①-2A

とくい②【得意】-8A

とくさん⓪【特産】-8C

どくしん⓪【独身】-6B

とくちょう⓪【特徴】-1A

とけこむ⓪【溶け込む】-12A

とこう⓪【渡航】-12A

～(た)ところ/(ている)ところ-9D

としあけ⓪【年明け】-7B

とじこもる④【閉じこもる】-10B

としだま⓪【年玉】-3B

とじょう⓪【途上】-11A

とどける③【届ける】-10A

～とともに【～と共に】-6D

どなる②【怒鳴る】-11B

どのような-2A

どのように-3A

～とはかぎらない【～とは限らない】-6D

とまどう③【戸惑う】-12A

トマトケチャップ⑤-7A

ともに⓪【共に】-6A

ドライブ②-8A

ドラマ①-9B

とりにく⓪【鶏肉】-7A

どれもこれも④-5B

どんどん①-2A

～ないでください-7D

ナイフ①-8B

ないよう⓪【内容】-2B

なおる②【治る・直る】-4B

ながす②【流す】-6B

なかなか⓪-8B

なかみ②【中身】-7B

ながれ③【流れ】-6A

なきごえ③【鳴き声】-2B

なくす⓪【無くす・失くす】-1A

なくなる⓪【無くなる】-1A

なげる②【投げる】-10B

なっとく⓪【納得】-6B

なにげない④【何気ない】-10B

なにしろ①【何しろ】-2A

なにより①【何より】-10A

なべ①【鍋】-7A

なま①【生】-7B/8A

なまもの②【生もの】-12A

なみだ①【涙】-6B

なやむ②【悩む】-12B

なら①【奈良】-1B/8A

ならう②【習う】-9B

〜ならでは①-6A

なる⓪【鳴る】-2A

なるべく⓪-3A

なれる②【慣れる】-2A

なんだか①-2A

なんとなく④-2B

なんぽう⓪【南方】-8A

におい②【匂い・臭い】-7A

〜において【〜に於いて】-3B/5D

にがてだ⓪【苦手だ】-6t/8A

〜にかわり-11D

〜にかんする【〜に関する】-10D

にく②【肉】-7t/1B

にこにこ①-2A

〜にしたがって【〜に従って】-12D

〜にしろ〜にしろ-5D

〜につれて【〜に連れて】-2D

〜にて(助词，在)-10D

にほんしょく⓪【日本食】-1B

〜にもかかわらず【〜にも関わらず】-10D

にもつ①【荷物】-1B

にやにや①-2t

ニュース①-11A

にる⓪【煮る】-7A

にる⓪【似る】-4B/5t/12A

にんい①【任意】-11B

にんぎょう⓪【人形】-1C

にんげんせい⓪【人間性】-6B

にんげんみ⓪【人間味】-11B

にんじん⓪【人参】-7A

にんにく⓪【大蒜】-7A

ネイティブ①-2B/6A

ねえ①-3A

ねがい②【願い】-9A

ねむい⓪【眠い】-1B

ねんがっぴ③【年月日】-3C

ねんかん⓪【年間】-8B

ねんがじょう③【年賀状】-3B

ねんげつ①【年月】-3C

ねんだい⓪【年代】-6A

ねんれい⓪【年齢】-4B

のう①【脳】-11B

のうこうだ⓪【濃厚だ】-8A

のうそん⓪【農村】-12C

のうりょく①【能力】-5A

のせる⓪【載せる・乗せる】-2A

40

のぞく⓪【覗く】-10B

〜のだ-8D

のちほど⓪【後程】-3t

〜のに(助詞，転折)-3D

のべる②【述べる】-4B

のみかい⓪【飲み会】-11B

のみこむ③【飲み込む】-11A

のり②【糊】-7C

のりかえる④【乗り換える】-4C

のりこえる④【乗り越える】-3B/12A

のんびり③-4B

はあ①-1A

バーコード③-4A

パーティー①-1B

〜はい【〜杯】-7A

はいしん⓪【配信】-6A

はいたつ⓪【配達】-10A

はいりょ①【配慮】-11A

ばか①【馬鹿】-12B

はかい⓪【破壊】-8B/11C

はがき⓪【葉書】-3B

はげます③【励ます】-10t

（〜）はこ⓪【〜箱】-7A

はさみ③【鋏】-7C

はさむ②【挟む】-8B

はし①【箸】-8B

はじまり⓪【始まり】-3B

ばしょ⓪【場所】-3A

はしる②【走る】-8A

バス①-3A

はずかしい④【恥ずかしい】-8A

パスポート③-5C

はずれ⓪【外れ】-10t

パソコン⓪(パーソナルコンピュータ⑧)-5A

バター①-7A

はたす②【果たす】-5A

はたらき⓪【働き】-7B

はたらく⓪【働く】-4B

はつげん⓪【発言】-11B/12t

バッタ⓪-10B

はったつ⓪【発達】-3B

はつばい⓪【発売】-3B

ハッピー①-8t

はっぴょう⓪【発表】-10B

はつめい⓪【発明】-4A

はなしあう④【話し合う】-1B

はなしかた④【話し方】-2B

はなして⓪【話し手】-5A

パパ①-7t

ハム①-1B

ばめん①【場面】-4A

はらはら①-2C

はらをたてる②+②【腹を立てる】-12A

はるか①【遥か】-8B

はれる②【晴れる】-1t

〜はん①【〜半】-4A

ハンカチ③-11B

ばんぐみ⓪【番組】-6A

ばんごはん③【晩ご飯】-7t

はんせい⓪【反省】-10t

はんだん①【判断】-5A

はんのう⓪【反応】-5A

はんばい⓪【販売】-1A

はんぶん③【半分】-2B

ばんりのちょうじょう①+③【万里の長城】-5B

ひ①【非】-10A

ひがい①【被害】-10A

ひがし⓪【東】-8B

ぴかぴか①-2C

ひかん⓪【悲観】-10C

ひくい②【低い】-12B

ビザ①-5C

ひさしぶり⓪【久し振り】-1A

ひじょう⓪【非常】-5A

ひっきしけん④【筆記試験】-11B

ひっこす③【引っ越す】-6B

ひつようだ⓪【必要だ】-1A

ひどい②【酷い】-7t/9B

ひとこと②【一言】-3A

ひとつ②【一つ】-4B

ひとりぼっち④【一人ぼっち・独りぼっち】-4A

ひびく②【響く】-6B

ひまだ⓪【暇だ】-5B

びょういん⓪【病院】-4B

ひょうか①【評価】-10t

びょうき⓪【病気】-11B

ひょうこう⓪【標高】-12B

びようし②【美容師】-6C

ひょうじ⓪【表示】-1B

ひょうじょう③【表情】-10t

びょうどう⓪【平等】-11A

ひるま③【昼間】-10B

ひれい⓪【非礼】-3t

ひろう⓪【拾う】-11A

～ひん⓪【～品】-1A

ひんこん⓪【貧困】-11A

ひんど①【頻度】4B

ふ～【不～】-11A

ファミリー①-8t

ファミリーレストラン⑤-4C

ふあん⓪【不安】-2B/5A

ファン①-1A

ふうぞく①【風俗】-12C

ふうど①【風土】-12C

ふうみ①【風味】-12A

フォーク①-8B

ふかい②【深い】-5A

ぶかい⓪【部会】-11A

ふきだす③【吹き出す】-5B

ふきゅう⓪【普及】-6B

ふくさよう③【副作用】-11B

ふくむ②【含む】-6B

ふこう②【不幸】-9B

ふしぜんだ②【不自然だ】-2B

ふた⓪【蓋】-7A

ぶたにく⓪【豚肉】-7A

ふつう⓪【普通】-2A

ぶっか⓪【物価】-2B

ぶっしつ⓪【物質】-11t

ふっとう⓪【沸騰】-7A

ふで⓪【筆】-1C

ふゆ②【冬】-1A

プラスチック④-8B/11A

ブランド⓪-6A

～ぶり-1A

ふりかえる③【振り返る】-10B

プロ①-6A

プロジェクト②-2B/4A

ぶんしょ①【文書】-10B

フランス⓪-2A

ふる①【降る】-8A

ふるさと②【故郷】-12t

プレゼン⓪（プレゼンテーション⑤）
-12t

プロ①-6A

プロジェクト②-4A

ぶんぐ①【文具】-1C

ぶんべつ⓪【分別】-11A

ぶんぽう⓪【文法】-2B

ぶんめい⓪【文明】-12C

ぶんや①【分野】-9B

へいき⓪【平気】-4t/10B

ページ⓪-6t

へいてん⓪【閉店】-10B

へいぼん⓪【平凡】-9B

へえ⓪-5A

へきがん⓪【碧眼】-5B

ペキンダック④【北京ダック】-5B

へる⓪【減る】-6B

へる①【経る】-4A

へんきん⓪【返金】-10A

べんごし③【弁護士】-6C

へんじ③【返事】-3B

ほいくし③【保育士】-6C

ポイント⓪-6B

ポーク①-7A

ほうこく⓪【報告】-11B

ぼうし⓪【帽子】-7C

ほうほう⓪【方法】-2A

ほうりつ⓪【法律】-7B

ぼう⓪【棒】-8B

ホームシック④-12t

ほご①【保護】-11A

ぼごわしゃ③【母語話者】-5t

ほぜん⓪【保全】-11C

ほそながい④【細長い】-8B

ホテル①-8C/10B

ほほえむ③【微笑む】-6B

～ほん①【本】-7A

ほんじつ①【本日】-11B

ほんのう①【本能】-4B

ほんやく⓪【翻訳】-2B

マーケティング⓪-6A

まあ①/まあまあ①③（名・副）-3A

マイ②-8B

まいしゅう⓪【毎週】-11A

43

まえむき⓪【前向き】-11B

まかせる③【任せる】-9B

まける⓪【負ける】-4B

まこと⓪【誠】-10A

まし⓪【増し】-3A

まして①-5B

まず①【先ず】-10A

ますます②【益々】-2A

または②【又は】-2A

まちがう③【間違う】-10A

まちがえる④【間違える】-5t/10A

まちはずれ③【町外れ】-10B

～まつ⓪【～末】-10B

まったく⓪【全く】-11B

マナー①-3A

まなぶ⓪【学ぶ】-1A

まにあう③【間に合う】-3A

まね⓪【真似】-5t

ママ①-7t

～まま⓪-1D

まもる②【守る】-1A

～マン①-5A

まんしつ③【満室】-8C

みうち⓪【身内】-9C

みかた②【見方】-9B

みじかい③【短い】-1B/4A

ミス①-10A

みずから①【自ら】-12A

みせる②【見せる】-12A

～みたいだ(助動词，样态)-2D

みぢか⓪【身近】-6A

みつける⓪【見つける】-4A

みっせつ⓪【密接】-11A

みとめる⓪【認める】-10A

みにつける⓪+②【身に付ける】-5A

～みまん①【～未満】-7B

みやげ⓪【土産】-8C

みりょくてきだ⓪【魅力的だ】-9B

みんしゅく⓪【民宿】-8C

みんぞく①【民族】-12C

むかんしん①【無関心】-1A

～むき【～向き】-8D

～むけ【～向け】-8D

むける⓪【向ける】-3B

むし⓪【虫】-10B

むしろ①【寧ろ】-10t/12A

むだ⓪【無駄】-4B

むら②【村】-10B

むりょう⓪【無料】-4A

めいしょ③【名所】-8C

めいぶつ①【名物】-8C

メインカラー④-7B

めうえ⓪【目上】-7B/9A

メートル⓪-7B

メール⓪-9A

メニュー①-9t

めらめら①-2C

めん①【麺】-12A

～めん①【面】-2B

もうしこむ④【申し込む】-8A

44

もうしわけない⑥【申し訳ない】-9A

もうける③【儲ける】-2B

もくてき⓪【目的】-4A

もくひょう⓪【目標】-6B/11A

もしかして①-8A

もしかすると①-11B

もちあげる⓪【持ち上げる】-5A

もっこうひん⓪【木工品】-1C

モデル①-2B

もと①【元】-6B

もともと⓪-10B

ものおき③【物置】-6B

ものごと②【物事】-11B

～ものだ-12D

ものわすれ③【物忘れ】-12B

もはや①-5B

もり⓪【森】-2A

もりあがる④【盛り上がる】-7B

もんく①【文句】-3B

やきにく⓪【焼肉】-4t

やくそく⓪【約束】-3A

やくにたつ⓪+①【役に立つ】-4A

やくわり⓪【役割】-5A

やけど⓪【火傷】-10A

やさい⓪【野菜】-7A/1B

やすみ③【休み】-4A

やめる⓪【辞める】-2B

やめる⓪【止める】-8A

～やら～やら-12D

ゆうえんち③【遊園地】-4A

ゆうがい⓪【有害】-11t

ゆうしょく⓪【夕食】-12B

ゆうりょうか⓪【有料化】-11B

ゆく【行く・逝く】-6B

ゆくえ⓪【行方】-7B

ゆたかだ①【豊かだ】-3B

ゆめ②【夢】-6A

ゆるす②【許す】-3A

～よう【～用】-9t

～ようがない-2D

ようき①【容器】-10A

ようじ⓪【用事】-3B

ようす⓪【様子】-2A

ようするに③【要するに】-11B

～(よ)うとする-4D

～ように(目的)-3D

よけい⓪【余計】-11B

よごれる⓪【汚れる】-12B

よし①-11A

よそく⓪【予測】-6B

よてい⓪【予定】-3A

よほう⓪【予報】-1t

よみとる⓪【読み取る】-4A

より⓪【副】-4A

よろしく⓪-7t

よわい②【弱い】-12B

よわび⓪【弱火】-7A

らいげつ①【来月】-2B

らいしゅう⓪【来週】-2B

らいねん⓪【来年】-4B/9A

ライフスタイル⑤-6B

〜らしい(助动词，推測)-2D

らっかん⓪【楽観】-10C

〜(ら)れる(自发)-2D

ランチ①-9t

りかい①【理解】-5A

リモートワーク⑤-6A

りゅうこう⓪【流行】-4t

りゅうひょう⓪【流氷】-8A

りよう⓪【利用】-3B/4t

りょうじかん③【領事館】-5C

りょうしん①【両親】-2B

りょうしん①【良心】-12t

りょかん⓪【旅館】-8C

ルー①-7A

ルーズだ①-3A

ルール①-5B

れい①【礼】-9A

れいぎ③【礼儀】-9A

れいせい⓪【冷静】-10C

れいぞうこ③【冷蔵庫】-7t/12B

れいとうこ③【冷凍庫】-7A

れいとうしょくひん⑤【冷凍食品】-1B

レジぶくろ③【レジ袋】-11B/11t

レストラン①-8B

レポート②-6B

れんきゅう⓪【連休】-8B

れんそう⓪【連想】-6B

れんらく⓪【連絡】-1B/3A

ろんぶん⓪【論文】-12t

〜わ-3D

わかい②【若い】-7B

わがままだ③【我が儘だ】-4t

わかれる③【別れる】-2B/3A

わく⓪【湧く/沸く】-9B/12A

〜わけ【〜訳】-2D

〜わけではない【〜訳ではない】-5D

〜わけにはいかない【〜訳にはいかない】-3D

わし①【和紙】-1A

わたす⓪【渡す】-7B

わたる⓪【渡る】-4B

わらう⓪【笑う】-2t /5A

わり⓪【割】-11B

〜わりに(は)【〜割りに(は)】-10D

わりばし⓪【割り箸】-8B

わる⓪【割る】-8B

わるぎ⓪【悪気】-10A

われめ⓪【割れ目】-8B

わんわん①-2A

〜を〜とする-11D

〜をとわず【〜を問わず】-8D

〜を〜にする-6D

敬語(尊敬語・謙譲語・丁寧語)-9D

编写背景

《新标准日语教程》系列教材，是面向高等院校本科、研究生阶段将日语作为第二外语的学生编写的零起点教材，同时也是一套适合广大日语爱好者自学使用的教材。本系列教材依据《大学日语教学指南（2021版）》编写而成，共3册，每册12课，总计约150课时。通过150课时左右的学习，学生可以基本掌握日语基础语法体系，打下比较坚实的自学基础，在语言知识方面达到日本国际交流基金会和日本国际教育支援协会设立的"新日语能力考试"N3级水平，同时也能达到全国大学日语四级考试要求的水平。

本系列教材的前身是2001年出版的《新世纪日本语教程》系列教材。《新世纪日本语教程》系列教材因其易教易学、符合高校日语二外课堂的需求，自出版以来受到各高校日语教师和学生的普遍欢迎，畅销二十余年。该系列中的教材还入选了"普通高等教育'十一五'国家级规划教材"，获得了"北京高等教育精品教材"等诸多荣誉和奖项。近年来国家和社会对外语人才的需求日趋多元化，我国的外语教育处于重要转型期，为了满足新时代国家对外语人才的需求，我们在《新世纪日本语教程》系列教材的基础上，结合当代学生的学习方式和习惯，引入新的理念和素材，编写了这套《新标准日语教程》系列教材。

编写原则

本系列教材严格把控单元学习时间内的课程内容，注重培养学生掌握有效的外语学习策略，使学生形成对日语语言规律的系统性认识。同时通过不同类型的主题课文，实现价值引领、培养思辨能力。本系列教材以"适合学生学习"为总的编写原则。一方面从根本上解决以往教材课程设置不合理、文本内容繁杂冗长、单元学习内容负担过重等问题，另一方面在注重语言学习的同时，兼顾人文内涵的培养，选材方面体现知识性、社会性、人文性，将价值塑造、知识传授

和能力培养融为一体。

教材构成

本系列教材包含3册主教材。依托"U校园智慧教学云平台"，提供微课视频、日语语音测评、教学PPT课件、期末试题、线上单词语法检测题等配套资源与工具。

教材特色

1. 主题丰富，融合思政，提升育人成效

主题涵盖流行文化、科技创新、时代发展等多个话题，激发学生兴趣的同时，体现价值引领、实现育人目标。选材语言鲜活地道，交际语境真实生动，使学生通过生动的语言载体提升人文素养。突出中华优秀文化，引领学生坚定文化自信，培养家国情怀。

2. 语法严谨，循序渐进，提升学习效果

本系列教材的语法讲解摒弃了陈旧的语法教学模式，针对中国学生的实际情况，选取了更适合自学者掌握的"学校语法"体系。充分考虑到中国学生的语言习惯及学习环境，本系列教材重视对日语语言系统性学习的指导。在语法条目的编排方面，编者们结合长期的教学经验进行了大胆的设计与创新。

3. 分层模式，因材施教，匹配教学目标

本系列教材根据不同的教学目标，对教材内容进行了分层次的板块化设计。各板块的功能明确，重点突出。板块间既有相关性，又有相对的独立性，还有难易度的层次区分。

4. 数字驱动，资源立体，引领智慧教学

本系列教材依托"U校园智慧教学云平台"，为教师提供多终端教学管理工具，同时配备微课视频、日语语音测评、教学PPT课件、期末试题、线上单词语法检测题等配套资源与工具，助力打造智慧课堂。由于全国各地高校日语二外课程的课时安排和教学规模不尽相同，授课教师可以充分利用教材的数字资源，对教材各板块重新进行组合，有针对性地开展智慧教学，有效地提升教学效果。

5. 注重细节，精益求精，适合学生学习

本系列教材在编写过程中，始终贯彻"适合学生学习"这一原则，每个环节背后，都充分考虑到学生的可利用时间和能够完成的学习量。如：教材中的日语汉字采用标注读音假名的方式；练习环节出现的生词，以小单词表的形式进行汇总；各册教材均配有"单词语法索引"，方便学生查找；每课都附有与该课内容相关的拓展词汇；课文和会话均配有中文译文；配套"学习辅导用书"是对所学语法、词汇和文化常识等内容的深化和扩展，讲解更加详尽。

6. 设计活泼，形式新颖，激发学习兴趣

本系列教材除在内容上遵循知识性、趣味性与实用性相结合的原则外，在形式上也追求一种轻松、活泼的风格。比如：课文和会话部分使用了较大的字号；课文和会话中的插图不仅生动有趣，还结合了相关内容，学生也可以通过插图窥见日本文化的精细之处；页面设置合理，便于学生记录要点等。本系列教材通过上述方式，以期达到激发学习兴趣，调节课堂气氛的目的。

编写一套形式新颖又适合大学第二外语教学及自学者使用的日语教材是我们的初衷。将教材命名为《新标准日语教程》就是希望改变以往教材生冷冗长、内容过于繁杂的状况，以新的标准重新审视、研究高校第二外语课堂的实际需求，编写出一套轻松、快乐的日语教材。这既是编者们的初衷，也是编者们的编写理念和期待。希望本系列教材能够得到各高校日语教师和广大日语学生的喜爱。

本系列教材在编写过程中，得到了清华大学语言教学中心王燕、冯海鹰两位老师和进行教材试用的北京理工大学学生的宝贵建议。同时，外语教学与研究出版社综合语种教育出版分社副社长杜红坡先生、编辑咸新女士由始至终大力支持本系列教材的编写工作。这让我们感到十分荣幸，在此一并表示诚挚的谢意。

编者

2024年5月

一、教学安排

　　《新标准日语教程第三册》共12课，按每学期16周（扣除总结、复习、考试时间及法定节假日，实际授课约13—14周）、每周4课时学习一课，预计一学期能够学完（可留给任课教师一些自由安排学习内容的时间）。各学校也可按本校的实际情况适当安排。

二、教材结构及使用说明

　　本教材每课的基本结构，分为「本文」「会話」「新しい単語」「文法解説」「練習」「豆知識」等板块。「本文」板块的选材包括流行文化、传统文化、文化交流、社会问题思考等多项内容。「本文」板块后，设置了与其内容相匹配的「会話」板块，其作用是建立真实的交流情景。「新しい単語」板块设计为分层次的学习模式，将每课必须掌握的单词与拓展词汇相区分。「文法解説」板块聚焦重点难点，对核心语法及主要句型进行精炼讲解，并配以丰富的例句以加深理解。「練習」板块以"启发式""以学生为主体"等理念为原则，设计了多样的练习形式，涵盖了听、说、读、写、译五个环节。「豆知識」板块从跨文化交际的角度提供与日本文化相关的信息，提升学生对日本文化的理解。

1. 课程导入

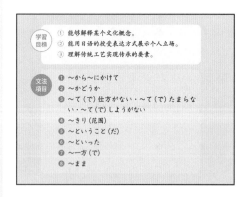

　　每课篇章页部分总结概括出了本课要达到的「学習目標」和需要掌握的「文法項目」。「学習目標」是本课学习完毕要达到的最终目标，学生可以通过对这一内容的"学前确认"和"学后检测"形成一个完整的学习闭环。「文法項目」则可以为学生提供确认和检测的具体内容。

2. 本文

　毎课的「本文」题材广泛、体裁多样、信息量适度，反映新时代的生活气息，是本教材的核心内容。短小精炼、风趣自然是本教材课文的特点。建议学生在语法学习的同时，有意识地养成篇章阅读的习惯。同时也建议学生流利地朗读乃至背诵每课课文，这样会起到事半功倍的学习效果。

伝統工芸とは、遠い昔からずっと守り続けられている技術のことです。千何百年も前から継承されている技術も多くあります。伝統工芸を使って作られた物が伝統工芸品です。伝統工芸の特徴は、主に四つあります。一つ目は、熟練の技術が必要だということ、二つ目は、手工業だということ、三つ目は、日常生活で使われているということ、四つ目は、長い歴史があるということです。

日本の伝統工芸品には、織物や、和紙やガラス製品といった素晴らしい物がたくさんあります。伝統工芸品は、日常生活でも使われますが、美術品としての価値も高いので、世界中にたくさ

3. 会話

　「会話」板块是指导学生在课文的基础上对学习内容进行交际应用，其内容准确地体现了现代日语口语的表达方式。为了使学生能准确掌握日语的各种表达方式，每篇会话均设置了特定的人物关系和场景，这有利于学生充分地认识并建立起交际应用的"场景意识"。在学习过程中，建议学生注意模仿会话录音，反复大声朗读、背诵，由准确、慢速逐渐过渡到流利、自然。通过反复做听说练习，达到快速提高听说能力的目的。

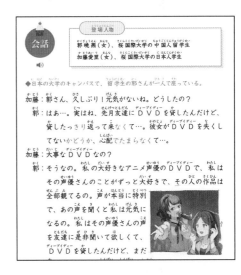

登場人物
郭暁燕（女）、桜国際大学の中国人留学生
加藤愛里（女）、桜国際大学の日本人学生

◆日本の大学のキャンパスで、留学生の郭さんが一人で座っている。

加藤：郭さん、久しぶり！元気がないね。どうしたの？
郭：はぁ…。実はね、先月友達にＤＶＤを貸したんだけど、貸したっきり返って来なくて…。彼女がＤＶＤを失くしてないかどうか、心配でたまらなくて…。
加藤：大事なＤＶＤなの？
郭：そうなの。私の大好きなアニメ声優のＤＶＤで、私はその声優さんのことがずっと大好きで、その人の作品は全部観てるの。声が本当に特別で、あの声を聞くと私は元気になるの。私はその声優さんの声を友達に是非聞いて欲しくて、ＤＶＤを貸したんだけど、まだ

4. 新しい単語

　　每课的「新しい単語」是要求学生必须掌握的词语。为便于学生重点记忆和掌握，每课「新しい単語」的总数限制在43个词以内。单词标有词性和声调，还配有中英文释义。

5. 覚えましょう

　　本板块是和每课内容相关的拓展词汇，以"新日语能力考试"N3级词语为主，不要求学生必须掌握。学生可结合语法知识选择使用该板块词语进行练习。

6. 文法解説

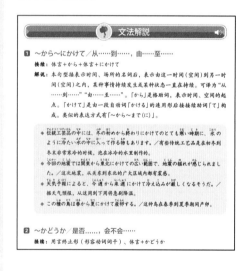

　　为适应中国学生的思维习惯和学习要求，本板块注重语法讲解的系统性和严谨性，力求实现"学生可独立完成语法学习"这一目的。在学习的过程中，建议使用配套"学习辅导用书"，通过更为细致的分类讲解和指导，深化相应语法知识的理解。

7. 関連語彙

　　本板块选取在中日两种语言中形式、意义基本相同且常用的日语音读词语，目的在于使学生能够通过短时间内快速认知、朗读，逐渐掌握日语汉字的音读规律。这些词语不要求必须掌握。

8. 練習

　　「練習」板块旨在培养学生在日语学习中的思维方式，调动其积极参与实际应用。每课的练习形式多样化，包含「単語練習」「文法練習」「文型練習」「質問練習」「読解練習」「聴解練習」等，教师和学生可以根据自身情况适当选择。另外，为提高学生日语听力水平，每课「聴解練習」按难度设计成"基础题（第1题）"和"提高题（第2题）"，学生可以根据自身情况选择学习。练习参考答案及听力练习原文请参看配套的"学习辅导用书"。练习中出现的生词以数字角标标出，在该练习后附有小单词表，供学生根据个人需要建立个性化学习目标，不要求必须掌握。

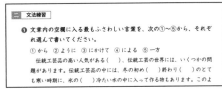

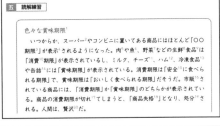

9. 豆知識

　　每课最后补充的「豆知識」介绍日本的方方面面，为学生提供多元文化观察的视角，使学生在学习语言的同时，充分了解日本文化的基本特点，从而提升学生对不同文化的理解和跨文化交际的能力。

三、其他编写说明

1. 单词的编写说明

（1）本教材课文、会话中出现的中日姓氏（均为中日两国常用姓氏）、人名以表格形式在附录中列出，故未在单词表中出现。

（2）会话人物介绍和场景设置中出现的单词不要求掌握，任课教师可在课堂介绍，学生也可以参看中文译文。

（3）在单词的表现形式上，考虑到中国人学习日语的特点，本教材不拘泥于日本的"当用汉字表"或"常用汉字表"，也介绍了一些日文书刊中常见而又有利于学生记忆该单词意义的"表外汉字"，如「明日」「嬉しい」「苺」等。每课的单词表和单词手册中的"单词语法索引"给出了词语较完整的汉字表现形式，而课文、会话等行文中则以现代日本社会生活中较为常见的词语表现形式出现。

（4）有少数词语在表达不同意义时声调不同，这样的词语标注了复数声调，如「もう①⓪」。由复数词语构成的惯用句、寒暄用语等分别列出了每个单词的声调。

（5）单词的词性以略语表示。如：一段自动词→自一、感叹词→感、形容动词→形动、接续词→接。

有的单词兼有名词和形容动词、サ变动词等不同词性，如「心配だ」。作为名词或サ变动词使用时，要去掉作为形容动词词尾的「だ」。

（6）本教材课文和会话单词的英文释义，仅供学生在词义上参考，词性上与日语单词未必完全一致。

2. 标志符号

本教材中，"·"表示词语或句型的并列，"～"表示日文的省略内容，"／"表示中日语言分界，"※"表示提醒，"→"表示如下所示，"◆"表示设置的会话场景和语法例句。

3. 相关资源获取

本教材音频、练习参考答案及听力练习原文请登录"U校园智慧教学云平台"。

四、数字资源

　　《新标准日语教程》依托"U校园智慧教学云平台"，将课堂教学、自主学习与数字技术深度结合。提供微课视频、日语语音测评、教学PPT课件、期末试题、线上单词语法检测题等资源，全力支持教师开展智慧教学，有效引导学生进行个性化自主学习，提升教学成效，达成学习目标。

1. 提供智慧教学工具，打造智慧课堂

　　U校园智慧教学云平台为教学提供教、学、测、评、研一站式解决方案，为教师提供多终端教学管理工具，帮助教师实现课堂内外融合、线上线下贯通，支持教师开展翻转课堂实践，探索实施混合式教学。教师可以根据本校教学条件、课时情况、个人教学风格和学生水平，灵活多样地组合资源，开展智慧教学。

2. 提供优质数字课程，提升学习成效

　　提供优质的微课视频，包括课文、单词、语法等讲解，深入讲解每课所需的语言知识与交际技能。全新开发课文会话语音测评功能，实现听录音、朗读、测评打分的听说一体化学习。

3. 提供丰富教学资源，助力有效教学

　　提供教学PPT课件等教学资源，优化教学体验，助力提高课堂教学效率。提供优质的试题资源及线上每课单词语法检测题，方便教师及时评估和考察学生学习情况。

数字课程使用建议

	教师	学生
课前	· 利用U校园**教学管理功能**，发布预习任务。 · 利用U校园**学情检测**功能，查看学生自主学习数据，掌握预习情况，为课堂教学做准备。	· 利用U校园交互式**数字教材、微课视频**（课文、单词、语法）完成教师布置的预习内容。 · 利用**日语语音测评**功能，进行课文会话及单词的跟读及语音练习。
课中	· 进行知识讲授、语言技能操练。可结合**微课视频**进行重点难点讲解。引导学生完成相关练习。 · 利用U校园**签到、投票、提问**等工具，进行课堂互动。 · 利用U校园**单词语法检测**题，推送随堂测试，实时掌握学习情况。	· 通过U校园**交互式练习、语音测评**等形式，参与课堂互动，进行课上学习。 · 完成**单词语法检测**题及其他练习，确认答案后，进行自我评价。
课后	· 通过U校园**作业与测试**功能在线发布作业及测试。 · 通过**学情监测**功能，实时查看学生学习进度、作业测试完成情况，根据学习数据，调整优化教学策略。	· 学生通过U校园完成作业及测试，检测学习成果，明确复习重点。 · 通过**微课视频**等进行复习。

本教材语法说明

　　本教材采用日本传统的"学校语法"体系，用言词尾变化分为"未然形""连用形""终止形""连体形""假定形""命令形""推量形"七种形式，动词分为"一段动词""五段动词""サ变动词""カ变动词"四类。

　　"学校语法"与"教育语法"的主要名称差异请参照下表。

学校语法	教育语法
五段动词	一类动词
一段动词（可分为上一段和下一段）	二类动词
カ变动词、サ变动词	三类动词
形容词	イ形容词
形容动词	ナ形容词
动词终止形（基本形、词典形）	动词基本形
动词第一连用形	动词ます形
动词第二连用形	动词て形/动词た形
动词未然形	动词ない形
动词假定形	动词ば形

目 录

第1課 日本の伝統工芸

本文

　伝統工芸とは、遠い昔からずっと守り続けられている技術のことです。千何百年も前から継承されている技術も多くあります。伝統工芸を使って作られた物が伝統工芸品です。伝統工芸の特徴は、主に四つあります。一つ目は、熟練の技術が必要だということ、二つ目は、手工業だということ、三つ目は、日常生活で使われているということ、四つ目は、長い歴史があるということです。

　日本の伝統工芸品には、織物や、和紙やガラス製品といった素晴らしい物がたくさんあります。伝統工芸品は、日常生活でも使われますが、美術品としての価値も高いので、世界中にたくさんのファンがいます。日本の伝統工芸を勉強するために、外国から日本に来る人もいます。彼らは日本語を勉強しながら、伝統工芸を学びます。

　しかし伝統工芸品の高い人気がある一方、伝統工芸の世界には、いくつかの問題があります。伝統工芸品の中には、冬の初めから終わりにかけてのとても寒い時期に、氷のように冷たい水の中に入って作る物もあります。このような厳しい仕事による技術の継承や伝統工芸に対する若者の無関心という問題があるようです。昔のような技術の継承方法や販売方法、宣伝方法のままでは、いつかなくなってしまうかもしれません。伝統を守ることは現代日本人の課題の一つでしょう。

🔰 新しい単語　🔊

❶	工芸 ⓪	【名】	craft	工艺
❷	守る ②	【他五】	protect	保护
❸	継承 ⓪	【名・他サ】	succession	继承
❹	技術 ①	【名】	technique, skill	技术
❺	～品	【名】	article	品，物品
❻	特徴 ⓪	【名】	feature, characteristic	特征，特色
❼	主に ①	【副】	mainly, mostly	主要，多半
❽	熟練 ⓪	【名・形動・自サ】	skillful	熟练，熟悉
❾	必要だ ⓪	【形動】	need	必要
❿	手工業 ②	【名】	handicraft industry	手工业
⓫	織物 ⓪	【名】	textile	纺织品
⓬	和紙 ①	【名】	(traditional) Japanese paper	和纸，日本纸
⓭	ガラス ⓪	【名】	glass	玻璃
⓮	製品 ⓪	【名】	product	制品，产品
⓯	ファン ①	【名】	fan	……迷，狂热爱好者

⑯	学ぶ ⓪ まな	【他五】	learn	学；模仿
⑰	幾つか ① いく	【副】	some	若干
⑱	冬 ② ふゆ	【名】	winter	冬，冬天
⑲	寒い ② さむ	【形】	cold	冷，寒冷
⑳	氷 ⓪ こおり	【名】	ice	冰
㉑	冷たい ⓪ つめ	【形】	cold, cool	凉的；冷淡的
㉒	無関心 ② むかんしん	【名・形動】	indifference	不关心；不介意，不感兴趣
㉓	販売 ⓪ はんばい	【名・他サ】	sale	卖，贩卖，出售
㉔	宣伝 ⓪ せんでん	【名・自他サ】	advertisement	宣传
㉕	無くなる ⓪ な	【自五】	disappear, be gone	丢失，遗失
㉖	課題 ⓪ かだい	【名】	problem, project	课题

会話

◆日本の大学のキャンパスで、留学生の郭さんが一人で座っている。

加藤：郭さん、久しぶり！元気がないね。どうしたの？

　郭：はあ…。実はね、先月友達にＤＶＤを貸したんだけど、
　　　貸したっきり返って来なくて…。彼女がＤＶＤを失くし
　　　てないかどうか、心配でたまらなくて…。

加藤：大事なＤＶＤなの？

　郭：そうなの。私の大好きなアニメ声優のＤＶＤで、私は
　　　その声優さんのことがずっと大好きで、その人の作品は
　　　全部観てるの。声が本当に特別
　　　で、あの声を聞くと私は元気に
　　　なるの。私はその声優さんの声
　　　を友達に是非聞いて欲しくて、
　　　ＤＶＤを貸したんだけど、まだ

　　　貸したままなのが心配で心配で仕方がなくて…。

加藤：その声優さんが大好きなんだね。友達も借りたままになっ
　　　ていることを忘れているかもしれないから「ＤＶＤはどう
　　　だった？」って聞いてみたら？

　郭：うん、そう言ってみる！

（3日後）

郭：加藤さん！あのＤＶＤ、返って来たよ！

加藤：よかったね！

郭：加藤さんに言われた通りに、勇気を出して言ってみてよかった。今日は一ヵ月ぶりにあの声を聞くことができるからうれしい！ありがとう、加藤さん！

加藤：どういたしまして。よかったよかった。

新しい単語 🔊

❶	久しぶり ⓪	【名・形動】	long time no see	久违，好久不见
❷	はあ ①	【感】	yes	啊，是
❸	先月 ①	【名】	last month	上个月
❹	ＤＶＤ ⑤	【名】	DVD	数字化视频光盘
❺	貸す ⓪	【他五】	lend	借出，借给
❻	失くす(無くす) ⓪	【他五】	lose	丧失，丢掉
❼	声優 ⓪	【名】	voice actor, voice actress	配音演员
❽	作品 ⓪	【名】	work	作品
❾	全部 ①	【副】	all	全部
❿	借りる ⓪	【他一】	borrow	借入
⓫	うん ①	【感】	yes, OK	嗯，好，行
⓬	～後	【接尾】	after	……后
⓭	～ヵ月	【量】	month(s)	……个月
⓮	～ぶり	【接尾】	after...,since...	相隔……，经过……之后又……

覚えましょう

❶ 染物 ⓪【名】染的布，印染品　　❻ 筆 ⓪【名】毛笔

❷ 漆器 ⓪【名】漆器　　❼ 算盤 ⓪【名】算盘

❸ 人形 ⓪【名】玩偶，偶人　　❽ 陶磁器 ③【名】陶瓷

❹ 扇子 ⓪【名】扇子　　❾ 木工品 ⓪【名】木工制品

❺ 文具 ①【名】文具　　❿ 簞笥 ⓪【名】衣柜

文法解説

1 ～から～にかけて／从……到……，由……至……

接续： 体言＋から＋体言＋にかけて

解説： 本句型接表示时间、场所的名词后，表示由这一时间（空间）到另一时间（空间）之内，某种事情持续发生或某种状态一直在持续。可译为"从……到……""由……至……"。「から」是格助词，表示时间、空间的起点。「かけて」是由一段自动词「かける」的连用形后接接续助词「て」构成。类似的表达方式有「～から～まで（に）」。

◆ 伝統工芸品の中には、冬の初めから終わりにかけてのとても寒い時期に、氷のように冷たい水の中に入って作る物もあります。／有些传统工艺品是在初冬到冬末非常寒冷的时候，泡在冰冷的水里制作的。

◆ 今回の地震では関東から東北にかけての広い範囲で、地震の揺れが感じられました。／这次地震，从关东到东北的广大区域内都有震感。

◆ 天気予報によると、今週から来週にかけて冷え込みが厳しくなるそうだ。／据天气预报，从这周到下周将急剧降温。

◆ この種の鳥は春から夏にかけて産卵する。／这种鸟在春季到夏季期间产卵。

2 ～かどうか／是否……，会不会……

接续： 用言终止形（形容动词词干）、体言＋かどうか

解説： 本句型表示疑惑或对前述内容没有把握。相当于汉语的"是否……""会不会……"。

◆ 彼女がDVDを失くしてないかどうか、心配でたまらなくて…。／我很担心她是不是把DVD弄丢了……

◆ この情報が確かかどうか、もう一度調べてください。／请再确认一下这个信息是否准确。

◆ あの人が日本人かどうかわたしは知りません。／我不知道那个人是不是日本人。

◆ 彼は来週忙しいかどうか、聞いてみましょう。／请问问他下周忙不忙。

3　〜て（で）仕方がない／……得不得了

接续： 形容词词干、动词第二连用形＋て仕方がない（形容动词词干＋で仕方がない）

解说： 表示心情处于难以抑制或身体处于难以忍耐的状态，多用于口语。相当于汉语的"……得不得了"。类似的表达还有「〜て（で）たまらない・〜て（で）しようがない・〜て（で）しょうがない」。

◆ まだ貸したままなのが心配で心配でしかたがなくて…。／一借出去就没动静了，所以就担心得不得了……

◆ 寝不足で朝から欠伸が出て仕方がない。／由于没睡好觉，从一早上就开始打哈欠，真没辙了。

◆ 年末で何かと忙しくて仕方がない。／年末各种事忙得不可开交。

◆ 故郷が恋しくて仕方がない。／极其思念故乡。

◆ 歯が痛くてたまらない。／牙疼得要命。

◆ このパソコンは遅いので不便でしょうがない。／这台电脑反应迟钝，极其不好用。

4　〜きり／一……就没再……；只有……

❶ 接续： 动词连体形、动词过去式＋きり（＋ない）

解说： 表示动作、行为仅止于前项，而没有继续发展。可译为"一……就没再……""只……再未……"。「きり」大多数接在动词过去式后。口语中多为「っきり」的形式。

◆ 実はね、先月友達にDVDを貸したんだけど、貸したっきり返って来なくて…。／其实呢，上个月我把DVD借给了朋友，但是借了之后（朋友）就没有还回来……

◆ 彼は朝出かけたきり、そのまま夜になっても帰ってこなかった。／他早晨出去后，一直到夜里再也没回来。

◆ 吉村さんは高校を卒業して日本を出ていったきり、もう10年も帰っていない。／吉村高中毕业后离开日本，已经10年没回来了。

◆ 彼女はか細い声で「いいえ」と言ったきりで、後はずっと黙ったままだ。／她只轻声说了一个"不"字，之后便沉默不语了。

❷ **接续：**体言、用言连体形＋きり

解说：表示种类、数量、程度的限定。可译为"只有……""仅有……"。口语中，有时说成「っきり」。

◆ あなたの持っている金は、これっきりですか。／你带的钱就这么多吗？
◆ この町へ来てから、一人きりで住んでいる。／来到这个城镇后，就单身一人居住。

5　**～ということ（だ）／即为……；说是……**

接续：简体句子＋ということ（だ）

解说：① 明确表达意见、想法。对前述内容加以解释。可译为"即为……""就是说……"。

◆ 一つ目は、熟練の技術が必要だということだ。／第一，需要熟练的技术。
◆ ご意見がないということは、みなさん、賛成ということですね。／没有意见，那么大家就是赞成啦。
◆ 芸能人に夢中になるなんて、君はまだまだ若いということだ。／还那么迷恋演艺圈的艺人，说明你还年轻啊。
◆ やきもちを焼くということは、まだ君は彼を愛しているということだ。／这么嫉妒，说明你还爱着他啊。
◆ NHKとは、Nippon Hoso Kyokaiということだ。／"NHK"，即为"Nippon Hoso Kyokai"（日本广播协会）。

② 表示传闻，传达从外界得到的某种信息。可译为"说是……""听说……"。

◆ 明日から寒くなるということだ。／说是明天要降温。
◆ 部長は、日帰りで出張に行ってきたということだ。／据说部长出差当天就已经回来了。

6 〜といった／……等的……

接续：体言＋といった＋体言

解说：「と」是格助词，「いった」源于动词「言う」，在句型中多以假名形式出现。
本句型表示在同类事物中列举其中一部分之意。可译为"……等的……"。

◆ 日本の伝統工芸品には、織物や、和紙やガラス製品といった素晴らしい工芸品がたくさんあります。／日本的传统工艺品，比如纺织品、和纸、玻璃制品等，有很多优秀的东西。

◆ 日本語学校では、中国、韓国といったアジアの国々からの留学生が多い。／日语学校里从中国、韩国等亚洲国家来的留学生居多。

◆ 図書館の日本文学室には、夏目漱石、森鷗外といった有名な作家の作品がたくさんあります。／图书馆的日本文学室里面，有许多诸如夏目漱石、森鸥外等著名作家的作品。

7 〜一方（で）／一方面……，另一方面……

接续：动词连体形＋一方（で）

解说：表示相互对立、矛盾的两个方面。相当于汉语的"一方面……，另一方面……""一方面……，同时……"。

◆ しかし伝統工芸品の高い人気がある一方、伝統工芸の世界には、いくつかの問題があります。／但是，一方面传统工艺品广受欢迎，另一方面该领域也存在着一些问题。

◆ 安く済ませたいと思う一方で、せっかくのマイホームだから立派なものにもしたい。／一方面想要减少开支，另一方面又觉得好不容易才买的房子，希望装修得漂亮一些。

◆ 老人が増える一方で、子供の数が減っている。／一方面老人(的数量)在不断增加，另一方面孩子的数量在不断减少。

8 ～まま／保持着原样……

接续： 用言连体形、体言の＋まま

解说： 表示保持前面动作或状态不变。

◆ 立ち食いそば屋とは、立ったまま蕎麦を食べられる店です。／所谓"立食荞麦面店"，是指站着吃荞麦面的门店。

◆ 10年ぶりに高校時代の友人に会ったが、彼は昔のままだった。／时隔10年再次见到了高中时代的朋友，他还是老样子。

◆ この弁当は、1時間前に作ったが、まだ温かいままだ。／这个便当是1小时前做的，还是热着的。

◆ この服は3年前に買ったのに全然着ていないから、いまでも綺麗なままだ。／这件衣服是3年前买的，但是一直没穿，所以还是很漂亮。

関連語彙

課題⓪	➡	宿題⓪・題目⓪・題材⓪・話題⓪・難題⓪
手工業②	➡	残業⓪・業績⓪・工業①・農業①・商業①
全部①	➡	全文⓪・全員⓪・完全⓪・安全⓪・全力⓪
作品⓪	➡	産品⓪・品質⓪・薬品⓪・品種⓪・日用品⓪

練習

一　単語練習

❶ 次の単語に読み仮名を付けてください。

① 織物　　② 課題　　③ 宣伝　　④ 製品　　⑤ 継承

❷ 次の仮名の漢字を書いてください。

① はんばい　② ひつよう　③ さくひん　④ かだい　⑤ かち

二　文法練習

❶ 文章内の空欄に入る最もふさわしい言葉を、次の①〜⑤から、それぞれ選んで書いてください。

① から　② ように　③ にかけて　④ による　⑤ 一方

　伝統工芸品の高い人気がある（　　）、伝統工芸の世界には、いくつかの問題があります。伝統工芸品の中には、冬の初め（　　）終わり（　　）のとても寒い時期に、氷の（　　）冷たい水の中に入って作る物もあります。このような厳しい仕事（　　）技術の継承や伝統工芸に対する若者の無関心という問題があるようです。

❷ 次の（　　）に入る助詞を書いてください。

① 郭さん、久しぶり！元気がない（　　）。どうした（　　）？

② 伝統工芸（　　）は、遠い昔からずっと守り続けられいている技術（　　）ことです。

③ あなたの身の回りに「借りたまま（　　）なっているもの」はありませんか。

④ 日本の伝統工芸品には、織物や、和紙やガラス製品（　　）いった素晴らしい物がたくさんあります。

⑤ 昔（　　）ような技術の継承方法や販売方法、宣伝方法のままでは、いつかなくなってしまうかもしれません。

三　文型練習

❶ ＿＿＿＿＿＿＿から＿＿＿＿＿＿＿にかけて＿＿＿＿＿＿＿。

> a. 7時半　　　　8時　　　　電車がとても混む

> b. 東北[1]　　　　関東[2]　　　　雨が降るそうだ

> c. 3月中旬[3]　　　5月　　　　花見ができる

❷ ＿＿＿＿＿＿＿かどうか、＿＿＿＿＿＿＿＿＿。

> a. 荷物[4]が届いた　　　　　　電話して聞いてみよう

> b. 彼がパーティー[5]に来る　　まだ分からない

> c. それがいい　　　　　　　　確認[6]しなければ分からない

❸ ＿＿＿＿＿＿＿＿＿＿＿＿て/でたまらない。

> a. 試験[7]のことが心配だ

> b. 風邪薬[8]を飲んだから、眠い[9]

> c. 寝ている間、咳[10]が出る

❹ ＿＿＿＿＿＿＿きり＿＿＿＿＿＿＿。

> a. 子供が今朝[11]出かけた[12]　　夜8時になっても帰ってこない

> b. 5年前に田中さんと会った　　一度も連絡[13]しなかった

> c. 本を彼に貸した　　　　　　　返って来ない

❺ ＿＿＿＿＿＿＿＿＿＿＿＿。つまり、＿＿＿＿＿＿＿＿＿ということだ。

> a. 社長は今日急用¹⁴ができた　　　会議は延期¹⁵する

> b. 佐藤さんはまだ来ていない　　　また遅刻¹⁶だ

> c. 立入禁止¹⁷のサイン¹⁸がある　　　入ってはいけない

❻ ＿＿＿＿＿＿＿＿＿＿＿＿＿といった＿＿＿＿＿＿＿＿＿＿＿＿＿。

> a. 北京や上海　　　　大都市¹⁹はとても有名だ

> b. ラーメンやお寿司　　　日本食²⁰が好きだ

> c. 奈良²¹や京都　　　観光地はとてもきれいだ

単語

1	東北⓪【名】(日本本州)东北部地区	**11**	今朝①【名】今天早上
2	関東①【名】(日本)关东地区(指东京都和茨城、栃木、群马、埼玉、千叶、神奈川6个县)	**12**	出かける⓪【自一】出去，出门
		13	連絡⓪【名・自サ】联络，联系
3	中旬⓪【名】中旬	**14**	急用⓪【名】急事
4	荷物①【名】货物，行李	**15**	延期⓪【名・自サ】延期，推迟
5	パーティー①【名】(社交性或娱乐性)集会	**16**	遅刻⓪【名・自サ】迟到
6	確認⓪【名・他サ】确认，证实	**17**	立入禁止⓪【名】禁止进入
7	試験②【名】考试，测验	**18**	サイン①【名】签名
8	風邪薬③【名】感冒药	**19**	大都市③【名】大城市，大都市
9	眠い⓪【形】困的，困倦的	**20**	日本食⓪【名】日本料理，日式菜肴
10	咳①咳嗽	**21**	奈良①【名】(地名)奈良

四　**質問練習**

以下の質問に日本語で答えてください。

① あなたの故郷には、どんな伝統工芸品がありますか。

② 「冬の初めから終わりにかけての寒い時期」とは、何月から何月までのことだ

と思いますか。

③ 伝統工芸品に若者が関心をもたなくなったのはなぜだと思いますか。

④ 友だちに貸したきり返ってこなかったものがありますか。

⑤ 眠くて眠くてしかたがないとき、あなたはどうしますか。

五　読解練習

色々な賞味期限[1]

　いつからか、スーパー[2]やコンビニに置いてある商品にはほとんど「〇〇期限[3]」が表示[4]されるようになった。肉[5]や魚[6]、野菜[7]などの生鮮[8]食品[9]は「消費[10]期限」が表示されているし、ミルク、チーズ[11]、ハム[12]、冷凍食品[13]や缶詰[14]には「賞味期限」が表示されている。消費期限は「安全[15]に食べられる期限」で、賞味期限は「おいしく食べられる期限」だそうだ。市販[16]されている商品には、「消費期限」か「賞味期限」のどちらかが表示されている。商品の消費期限が切れ[17]てしまうと、「商品失格[18]」となり、処分[19]される。人間は、贅沢[20]だ。

　賞味期限は、食品だけに限られる[21]ものではないだろう。

　例えば、人の言葉にも賞味期限がある。「ありがとう」「助かった[22]」のような言葉は、賞味期限が短い[23]。相手に自分の感謝の気持ちを表す[24]ためには、早く表すほど効果[25]が大きい。また、ある映画の台詞[26]の中に「人間関係には賞味期限がある」というのがあった。本当だとしたら、悲しい[27]ことではないだろうか。

次のことについて考えてみてください。

① 作者は「人間は、贅沢だ。」と言っていますが、それはどうしてですか。

② 言葉にも賞味期限があると作者は主張[28]していますが、それはどうしてですか。また、「ありがとう」「助かった」以外に、どんな言葉に賞味期限がありますか。

③ 「本当だとしたら、悲しい」とは、どんな意味ですか。

④ あなたは、どんなことに賞味期限があればいい、またはないほうがいいと思いますか。話し合って[29]みてください。

（単語）

1 賞味期限④【名】保鲜期，保质期
2 スーパー①【名】超市
3 期限①【名】期限，时效
4 表示⓪【名・他サ】标明
5 肉②【名】肉
6 魚⓪【名】鱼，鱼肉
7 野菜⓪【名】蔬菜，青菜
8 生鮮⓪【名・形动】生鲜，新鲜
9 食品⓪【名】食品
10 消費⓪【名・他サ】消费，花费
11 チーズ①【名】干酪，奶酪
12 ハム①【名】熏火腿
13 冷凍食品⑤【名】冷冻食品
14 缶詰③【名】罐头
15 安全だ⓪【名・形动】安全
16 市販⓪【名・他サ】在市场出售
17 切れる②【自一】到期，中断
18 失格⓪【名・自サ】失去资格
19 処分①【名・他サ】处理，扔掉
20 贅沢③【名・形动】奢侈，浪费
21 限る②【他五】限，限定；最好，顶好
22 助かる③【自五】得救；省力
23 短い③【形】短，短小
24 表す③【他五】表达，表现，显露
25 効果①【名】效果
26 台詞⓪【名】台词
27 悲しい⓪【形】悲伤的
28 主張⓪【名・他サ】主张，见解
29 話し合う④【自他五】对话，商议

六　聴解練習 ◀))

❶ 次の会話を聞いて質問に答えてください。

質問：子供たちは、明日の天気がどうなって欲しいと思っていますか。

① 大雨　　　　　　　　② 一日中ずっと雨
③ 強い風　　　　　　　④ 晴れ

（単語）

1 予報⓪【名・他サ】预报，天气预报
2 大雨③【名】大雨
3 風⓪【名】风
4 晴れる②【自一】晴，晴天
5 サッカー①【名】足球
6 試合⓪【名・自サ】比赛
7 先週⓪【名】上周，前一周
8 天気①【名】天气

❷ 次の文を聞いて質問に答えてください。

質問：伝統的な技法では、和紙や織物をどのように作りますか。

① 冬の初めにだけ作ります
② 氷で作ります
③ とても冷たい川の水で作ります

17

④冬の終わり頃に作ります

（単語）

1 川②【名】川，河，河流

2 濯ぐ⓪【他五】漱，洗刷，漂洗

3 但し①【接】但是，可是

4 極寒⓪【名】严寒，极其寒冷

5 作業①【名・自サ】操作，作业

6 辛い⓪【形】辛苦的，痛苦的

日本相扑

　　中国和日本历史上均有类似于相扑的角力运动，这种运动在中国其历史可以追溯至春秋战国时期，当时被称为"角力"。角力不仅是当时军事训练的重要项目，也是一种具有观赏性的体育活动。秦汉时期这种运动被称为"角抵"，角抵发展至魏晋南北朝时期，出现了另外一个名称"相扑"。

　　相扑在日本有"国技"之称。日本相扑比赛的规则十分简单，两名"力士"（相扑选手）束发梳髻，下身系一条宽大腰带和护裆，在一块直径4.55米的圆形场地内进行角力。比赛中，力士除脚掌外任何部分不得触及地面，同时也不得超出圆圈。只要将对手身体的一部分推出场外，或使对手两脚掌以外的身体部位着地就算获胜。相扑比赛没有时间限制，不过比赛有时在一两分钟甚至几秒钟内便能决出胜负。因此，有人戏称参加相扑比赛是最快成为"英雄"的方法。

　　虽然赛场上胜负很快见分晓，但场下相扑选手有着森严的等级，需要不断比赛训练才能提升地位。力士的地位可以分为金字塔状的10个等级。等级从高到低依次为"横纲""大关""关胁""小结""前头""十两""幕下""三段目""序二段"和"序之口"。力士需要在比赛月连续15天每天和一位不同的对手进行比赛。其中，获胜场次最多的力士成为最终的胜者。如果15天比赛全部获胜，则称为"全胜"。如果"十两"级以上力士获胜8场以上，"幕下"级以下力士获胜4场以上，则称为"胜越"。获得"胜越"的选手在两个月后举行的下一场所的比赛中，将获得地位的提升。

　　值得注意的是，在日本相扑选手没有国籍限制。所以，相扑虽然是日本非常传统的运动，但实际上国际化程度很高。而且除了日本之外，美国也有相扑赛事。第二十二届美国相扑公开赛于2022年秋举办，相扑已成为美式流行文化的一部分。看来，"国际化"对于文化、运动的发展也是至关重要的。

課文会话译文

🌸 第1课 传统工艺

课文

  所谓传统工艺，是指从很久以前就一直保存下来的技艺。有很多技艺是从一千多年前传承下来的。使用传统工艺制作的物品是传统工艺品。传统工艺的特征主要有四个：第一，需要熟练的技术；第二，是手工业；第三，在日常生活中使用；第四，具有悠久的历史。

  日本的传统工艺品，比如纺织品、和纸、玻璃制品等，有很多优秀的东西。传统工艺品，虽然也被用于日常生活中，不过其作为美术品的价值也很高，所以在全世界有很多爱好者。也有人为了学习日本的传统工艺，从外国来到日本。他们一边学习日语，一边学习传统工艺。

  但是，一方面传统工艺品广受欢迎，另一方面该领域也存在着一些问题。有些传统工艺品是在初冬到冬末非常寒冷的时候，泡在冰冷的水里制作的。如此严酷的工作环境，导致技艺的传承(受阻)和年轻人不关心传统工艺等各种问题的产生。如果一直持续过去那样的技艺传承方式、销售方式、宣传方式，说不定哪天传统工艺就会消失。保护传统是现代日本人的课题之一吧。

会话

登场人物：

郭晓燕(女)，樱花国际大学的中国留学生

加藤爱里(女)，樱花国际大学的日本学生

◆在日本的大学校园里，留学生小郭一个人坐着。

加藤：小郭，好久不见！没精打采的，怎么了？

 郭：啊，其实呢，上个月我把DVD借给了朋友，但是借了之后(朋友)就没有还回来，我很担心她是不是把DVD弄丢了……

加藤：是很重要的DVD吗？

郭：是啊。（那是）我最喜欢的动画配音演员（配音）的DVD，我一直很喜欢那个配音演员，那个人的作品我都看过。她的声音真的很特别，一听到她的声音我就会觉得充满干劲儿。我非常想让朋友们听听那位配音演员的声音，所以把DVD借给了朋友，但是一借出去就没动静了，所以就担心得不得了……

加藤：你很喜欢那位配音演员啊。　朋友也可能忘了这张DVD是借的，所以试着问她一下"DVD（看得）怎么样了？"。

郭：嗯，我说一下看看!

（三天后）

郭：加藤! 那张DVD还回来了!

加藤：太好了!

郭：按你说的那样，鼓起勇气说出来真是太好了。今天时隔一个月又能听到那个声音很高兴! 谢谢你，加藤!

加藤：不客气。太好了!

第2課　オノマトペ

　皆さんは「犬の鳴き声」について、どのような音を想像しますか。多くの人が想像するのは「ワンワン」だと思われます。この「ワンワン」は「オノマトペ」です。オノマトペとは、「擬声語、擬態語」という意味のフランス語です。だらだらと長い説明をしなくても、オノマトペを使うことで、その時の気持ちや様子を伝えることができます。また、説明に比べて、その状況をありありと感覚的に想像しやすくする効果があります。

　日本語にはオノマトペがなにしろ多いため、普通の辞書に全てのオノマトペを載せようがないのです。辞書にあるものだけで2,000語以上と言われています。そして、今も新しいオノマトペはどんどん増えているらしいです。人々の感じ方が変化するにつれて、オノマトペも変わっているというわけです。

　ところで、「ワンワン」は日本語のオノマトペで犬の鳴き声を表現したものですが、同じ擬声語や擬態語でも国によって、または言語によって、表現方法が大分違います。言語によるオノマトペの違いを調べてみると面白いですよ。

 新しい単語

❶ どのような ①	【連体】	what kind of	什么样的
❷ ワンワン ①	【副】	bow-wow	（狗叫）汪汪
❸ オノマトペ ③	【名】	onomatopoeia	象声词，拟声拟态词
❹ 擬声語 ⓪	【名】	onomatopoeia	象声词
❺ 擬態語 ⓪	【名】	mimetic word	拟态词，状态词
❻ フランス ⓪	【名】	France	法国
❼ だらだら ①	【副・自サ】	tedious	喋喋不休，冗长
❽ 説明 ⓪	【名・他サ】	explanation	说明，解释
❾ 様子 ⓪	【名】	state, situation	情况，状态
❿ ありあり ③	【副】	clearly	清楚地，清晰地
⓫ 感覚 ⓪	【名・他サ】	sense	感觉
⓬ 効果 ①	【名】	effect	效果
⓭ 何しろ ①	【副】	at any rate	总之，不管怎样
⓮ 普通 ⓪	【名・形动】	normal	普通，通常
⓯ 辞書 ①	【名】	dictionary	词典，辞典
⓰ 載せる（乗せる）⓪	【他一】	carry, publish	登载，刊登；载，装上
⓱ 全て ①	【副】	all	全，全部
⓲ ～以上 ①	【名・接尾】	above	……以上，超过……
⓳ 新しい ④	【形】	new	新的；新鲜的
⓴ どんどん ①	【副】	continuously	连续不断，接二连三
㉑ 変わる（替わる・代わる）⓪	【自五】	change	变化，改变，转变
㉒ 又は ②	【接】	or	或，或者
㉓ 言語 ①	【名】	language	语言
㉔ 方法 ⓪	【名】	means	方法
㉕ 大分 ⓪	【副】	very	相当，很

<ruby>登場人物<rt>とうじょうじんぶつ</rt></ruby>

会話

<ruby>陳健<rt>ちんけん</rt></ruby>（<ruby>男<rt>おとこ</rt></ruby>）、<ruby>桜国際大学<rt>さくらこくさいだいがく</rt></ruby>の<ruby>中国人留学生<rt>ちゅうごくじんりゅうがくせい</rt></ruby>

<ruby>馬鈴鈴<rt>まれいれい</rt></ruby>（<ruby>女<rt>おんな</rt></ruby>）、<ruby>桜国際大学<rt>さくらこくさいだいがく</rt></ruby>の<ruby>中国人留学生<rt>ちゅうごくじんりゅうがくせい</rt></ruby>

<ruby>吉田博司<rt>よしだひろし</rt></ruby>（<ruby>男<rt>おとこ</rt></ruby>）、<ruby>桜国際大学<rt>さくらこくさいだいがく</rt></ruby>の<ruby>日本人学生<rt>にほんじんがくせい</rt></ruby>

◆<ruby>大学<rt>だいがく</rt></ruby>の<ruby>食堂<rt>しょくどう</rt></ruby>で。ホームステイ<ruby>先<rt>さき</rt></ruby>で<ruby>起<rt>お</rt></ruby>きたことについて<ruby>話<rt>はな</rt></ruby>している。

<ruby>陳<rt>ちん</rt></ruby>：<ruby>昨日<rt>きのう</rt></ruby>、ホームステイ<ruby>先<rt>さき</rt></ruby>の<ruby>お母<rt>かあ</rt></ruby>さんに「これチンして」って<ruby>言<rt>い</rt></ruby>われたんだけど、「チン」の<ruby>意味<rt>いみ</rt></ruby>が<ruby>分<rt>わ</rt></ruby>からなかったんだ。

<ruby>馬<rt>ま</rt></ruby>：「チン」？<ruby>私<rt>わたし</rt></ruby>も<ruby>分<rt>わ</rt></ruby>からない。<ruby>吉田君<rt>よしだくん</rt></ruby>、どういう<ruby>意味<rt>いみ</rt></ruby>？

<ruby>吉田<rt>よしだ</rt></ruby>：ああ、それは「<ruby>電子<rt>でんし</rt></ruby>レンジで<ruby>温<rt>あたた</rt></ruby>める」という<ruby>意味<rt>いみ</rt></ruby>だよ。

<ruby>陳<rt>ちん</rt></ruby>：<ruby>電子<rt>でんし</rt></ruby>レンジ…？どうして「チン」なの？

<ruby>吉田<rt>よしだ</rt></ruby>：<ruby>電子<rt>でんし</rt></ruby>レンジで<ruby>温<rt>あたた</rt></ruby>め<ruby>終<rt>お</rt></ruby>わった<ruby>時<rt>とき</rt></ruby>に、<ruby>音<rt>おと</rt></ruby>が<ruby>鳴<rt>な</rt></ruby>るでしょう？

<ruby>馬<rt>ま</rt></ruby>：ああ！「チーン」って<ruby>鳴<rt>な</rt></ruby>るね。あの<ruby>音<rt>おと</rt></ruby>のこと？

<ruby>吉田<rt>よしだ</rt></ruby>：そうそう。あの<ruby>音<rt>おと</rt></ruby>を<ruby>日本語<rt>にほんご</rt></ruby>では「チン」とか「チーン」と<ruby>表現<rt>ひょうげん</rt></ruby>するけど、<ruby>後<rt>うし</rt></ruby>ろに「する」を<ruby>付<rt>つ</rt></ruby>けて<ruby>動詞<rt>どうし</rt></ruby>として<ruby>使<rt>つか</rt></ruby>うこともあるんだよ。

<ruby>陳<rt>ちん</rt></ruby>：「チン」は<ruby>僕<rt>ぼく</rt></ruby>の<ruby>名前<rt>なまえ</rt></ruby>のことなのかなと<ruby>思<rt>おも</rt></ruby>ったよ…。<ruby>日本語<rt>にほんご</rt></ruby>はオノマトペが<ruby>本当<rt>ほんとう</rt></ruby>にたくさんあって、<ruby>外国人<rt>がいこくじん</rt></ruby>の<ruby>僕<rt>ぼく</rt></ruby>からするとオノマトペの<ruby>森<rt>もり</rt></ruby>みたいだ。

<ruby>馬<rt>ま</rt></ruby>：<ruby>他<rt>ほか</rt></ruby>にもオノマトペを<ruby>使<rt>つか</rt></ruby>った<ruby>動詞<rt>どうし</rt></ruby>はあるの？

吉田：擬態語が動詞化したものだと、「にこにこする」「ドキドキする」「キラキラする」とかたくさんあるよ。

馬：ああ、「にこにこ」とか「ドキドキ」は聞いたことはあるけど使ったことはないな。

陳：なんだか日本語の勉強が進むにつれて、ますます難しくなってきたみたいだ。

馬：でもオノマトペを使っていくにつれて、慣れると思うよ。そのうち、自分でも日本人の日本語に近づいたと感じられるよ。

新しい単語 🔊

❶ 〜先 ⓪	【名】	the destination of	……之处，……去处，目的地
❷ チン ①	【副】	ting	叮（微波炉发出的声音）
❸ どういう ①	【連体】	what, how	什么样的，怎样的
❹ 電子レンジ ④	【名】	microwave oven	微波炉
❺ 温める・暖める ④	【他一】	warm	温，加热
❻ 鳴る ⓪	【自五】	sound	鸣，响
❼ 後ろ ⓪	【名】	back	后，后面
❽ 動詞 ⓪	【名】	verb	动词
❾ 森 ⓪	【名】	forest	森林
❿ にこにこ ①	【副】	smile broadly	笑嘻嘻，笑眯眯
⓫ ドキドキ ①	【副】	beat fast	心怦怦跳
⓬ キラキラ ①	【副】	sparklingly	亮晶晶，闪烁
⓭ なんだか ①	【副】	somehow	总觉得

⑭	進む ⓪	【自五】	make progress	前进，进步，进展
⑮	増々・益々 ②	【副】	more and more	愈发，更加
⑯	慣れる ②	【自一】	get used to	惯于，习惯
⑰	そのうち ⓪	【副】	soon,before long	不久，过几天，过一会儿
⑱	近付く ③	【自五】	approach	接近，靠近

 覚えましょう

❶ あつあつ ⓪【名・形动】热气腾腾；热乎

❷ うとうと ①【副】打盹儿，昏昏欲睡

❸ がたがた ⓪【副】咣当咣当

❹ がやがや ①【副】吵吵嚷嚷

❺ ごろごろ ①【副】咕噜咕噜

❻ くすくす ①【副】(偷笑) 嘻嘻

❼ こそこそ ①【副】偷偷，悄悄

❽ つるつる ①【副】滑溜溜

❾ すいすい ①【副】流畅，顺利

❿ はらはら ①【副】提心吊胆，担心

⓫ ぴかぴか ①【副】闪闪，一闪一闪

⓬ めらめら ①【副】(火焰) 熊熊燃烧

文法解説

1 自发助动词（れる・られる）

接续： 五段动词未然形、サ变动词未然形＋れる

一段动词未然形、カ变动词未然形＋られる

	五段动词	サ变动词	一段动词	カ变动词
基本形	笑う	する	見る	来る
未然形	笑わ	さ	見	来
自发式	笑わ＋れる	さ＋れる	見＋られる	来＋られる

解说： 接在表示心理活动的动词（「思う」「感じる」「考える」等）之后，表示自发之意。相当于汉语的"不由得……""觉得……"。

◆ 多くの人が想像するのは「ワンワン」だと思われます。／我觉得大多数人想象的是"汪汪"吧。

◆ 日本料理は色がきれいで、まるで芸術作品のように感じられる。／日本菜讲究菜色搭配，让人觉得仿佛是一件艺术品。

◆ 何よりもあの子のことが心配されます。／最令人担心的是那个孩子。

◆ 当時の姿がまざまざと思い出される。／当时的情景还历历在目。

2 ～からする（～から見る・～から言う）／根据……；只从……就……

接续： 体言＋からする

解说： ① 表示判断的依据。以前项为推测、预料的根据，展开后项内容。可译为"从……来看""根据……"。常有「からすると」「からすれば」等形式，此处的「すれば」含有「見れば」「考えれば」「言えば」等意思。类似的表达还有「～からしたら」「～からして」「～から見て」「～から言って」。

◆ 日本語はオノマトペが本当にたくさんあって、外国人の僕からするとオノマトペの森みたいだ。／日语的拟声拟态词真的很多，在我这个外国人看来，简直就是拟声拟态词的"森林"。

◆ 前田さんの話からすれば、どうやら来週のレポート発表は難しいようだ。／听前田的话，下周发表的报告好像很难。
◆ 佐藤くんの暗い表情からすると、どうも悩みがあるようだ。／从佐藤郁闷的表情上看，好像有些烦恼的事。
◆ はっきり分からないが、話し声からして隣の部屋にいるのは中川部長らしい。／不太清楚，从说话的声音来判断，在隔壁房间的好像是中川部长。

② 前项举出比较典型或者突出的例子，后项做出判断，言外之意是"其他就更不用说了"。可译为"只从……就……"。

◆ あのお笑い芸人は顔からして面白い。／那个搞笑演员，光脸就长得很有意思。
◆ 田中さんのセンスは独特で、ネクタイからして個性的だ。／田中的审美很独特，只从其领带上看，就很有个性。
◆ あの人は目つきからして怪しい。／那个人只从眼神上看就很怪异。

3 〜ようがない／无法……，不能……了

接续： 动词第一连用形＋ようがない

解说： 表示因力不从心而束手无策之意。可译为"无法……""不能……了"。
「よう」是接尾词，接在动词第一连用形后，表示做什么事情的方法。

◆ 日本語にはオノマトペがなにしろ多いため、普通の辞書に全てのオノマトペを載せようがないのです。／日语中的拟声拟态词很多，不可能把所有的拟声拟态词都收录到普通的词典里。
◆ ここまで来てしまったからには、もう引き返しようがない。／既然走到这里了，就不能返回了。
◆ 成績も素行も悪い学生の推薦書なんて、書きようがない。／这种成绩和品行都很差的学生的推荐信，没法写。
◆ あんなに好きだった人に振られた彼女をどういう言葉で慰めたらいいのか。慰めようがないじゃないか。／她被那么爱慕的人给甩了，真不知道用什么话去安慰她。简直没办法啊。

◆ 彼女が亡くなってしまった今、悔やんでも、もうどうしようもないことだ。／如今她已经去世，后悔也无济于事了。

4 ～らしい／好像……

接续： 动词终止形、形容词终止形、形容动词词干、体言＋らしい

解说： 「らしい」是推量助动词，活用形式与形容词相同，一般不用过去及否定形。表示比较确切的推测、断定。相当于汉语的"好像……"。

◆ 今も新しいオノマトペはどんどん増えているらしいです。／好像现在还在不断产生新的拟声拟态词。

◆ 天気予報によると、明日は雪が降るらしい。／据天气预报，明天要下雪。

◆ あの大学のサッカーチームはとても強いらしい。／那个大学的足球队据说很厉害。

◆ 鈴木さんは二年間北京に留学していたので、中国語がぺらぺららしい。／铃木在北京留学了两年，中文据说很好。

◆ バスの中で鈴木さんらしい人を見かけました。／在公共汽车上看见一个人好像是铃木。

◆ 彼は昨夜また徹夜したらしく、今日はずっとぼんやりしている。／他好像昨天又开夜车了，今天一直是没精打采的。

5 ～わけだ／当然……

接续： 用言连体形＋わけだ

解说： 「わけ」是形式体言，意为"道理""理由"。「～わけだ」表示根据事物的发展趋势或情理，推断出与之相应的结果或必然的结论。通常可以译成汉语的"当然……"。

◆ 人々の感じ方が変化するにつれて、オノマトペも変わっているというわけです。／这是因为随着人们的感受方式发生变化，拟声拟态词也发生了变化。

◆ あの人はイギリスに5年もいたから、英語が上手なわけだ。／那个人在英国生活过五年，英语当然很不错。

◆ こんなに熱があるのだから、気分が悪いわけだ。／烧得这么厉害，当然会不舒服。

※〜わけではない

表示否定前项，后项对其予以说明，从道理方面强调某种情况并不存在。可译为"并不是……""并非……"等。类似的说法有「〜わけでもない」「〜のではない」。

◆ プリンターは今すぐ使うわけではないが、あったら便利だと思う。／打印机不是现在就用，但是有了会更方便一些。

◆ そんなに欲しかったわけではないのに、衝動買いでお金を出してしまった。／其实也不是那么想要，一时冲动，就掏钱买了。

◆ 彼とはよく喧嘩をするが、嫌いなわけではない。／虽然和他经常吵架，但并不是说讨厌他了。

◆ 広州は一年中、暖かいわけではない。／广州也不是一整年都暖和。

6 〜みたいだ／就像……，像……一样；可能……，好像……

接续：体言、用言终止形（形容动词词干）＋みたいだ

解说：「みたいだ」是形容动词型的助动词，主要用于口语，也是一种比较通俗的表达形式。

① 用于列举相似的事物，表示其状态、性质、形状等方面相似。可译为"就像……""像……一样"。

◆ チョコレートみたいな味がする薬があればいいんだけどな。／要是有巧克力味道的药就好了。

◆ この辺りの方言はすごい。最初はまるで外国語を聞いているみたいだった。／这一带的方言可厉害了，我最初简直就像听外语一样。

◆ あの人は生まれつき怒っているみたいな顔をしている。／那个人天生一副生气的面相。

② 表示说话人根据自身的体验所做出的推断、推测。可译为"可能……""好像……"。

◆ なんだか日本語の勉強が進むにつれて、ますます難しくなってきたみたいだ。／总觉得日语随着学习的深入，好像越来越难了。
◆ 心配したが、レポートはあの書き方で大丈夫みたいだ。／虽然很担心，但是报告那样写似乎没有什么问题。
◆ 玄関で音がする。誰か入ってきたみたいだ。／门口有动静，好像有人来了。
◆ ああ、くしゃみが止まらない。どうも風邪を引いたみたいだ。／啊，喷嚏打个不停，好像感冒了。

7 ～につれて／随着……

接续： 动词连体形、体言＋につれて

解说： 「つれて」是动词「連れる」的连用形。本句型表示前项发生变化，后项也随之发生相应变化。相当于汉语的"随着……"。

◆ オノマトペを使っていくにつれて、慣れると思うよ。／随着拟声拟态词的使用，我想会习惯起来的。
◆ 勉強が進むにつれて、知らない単語がどんどん増えた。／随着学习的深入，不认识的单词增加了很多。
◆ 娘が大きくなるにつれて、親の心配事も多くなる。／随着女儿年龄的增长，家长的操心事儿也越来越多了。
◆ 寮生活に慣れるにつれて、よく眠れるようになった。／随着逐渐适应宿舍生活，睡眠好起来了。

関連語彙

擬態語⓪ ➡ 事態① ・ 状態⓪ ・ 常態⓪ ・ 形態⓪ ・ 実態⓪

説明⓪ ➡ 簡明⓪ ・ 明細⓪ ・ 明確⓪ ・ 明白⓪ ・ 聡明⓪

方法⓪ ➡ 方針⓪ ・ 方式⓪ ・ 方向⓪ ・ 地方② ・ 平方⓪

普通⓪ ➡ 通常⓪ ・ 通勤⓪ ・ 通過⓪ ・ 通俗⓪ ・ 通知⓪

練習

一　単語練習

❶ 次の単語に読み仮名を付けてください。

① 感覚　② 擬声語　③ 言語　④ 普通　⑤ 方法

❷ 次の仮名の漢字を書いてください。

① じしょ　② こうか　③ ちかづく　④ あたためる　⑤ なる

二　文法練習

❶ 文章内の空欄に入るもっともふさわしい言葉を、次の①〜⑤からそれ
ぞれ選んで書いてください。

① という　② について　③ と思われます　④ ことができます　⑤ に比べて

　皆さんは「犬の鳴き声」（　　）、どのような音を想像しますか。多くの人
が想像するのは「ワンワン」だ（　　）。この「ワンワン」は「オノマトペ」で
す。オノマトペとは、「擬声語、擬態語」（　　）意味のフランス語です。だ
らだらと長い説明をしなくても、オノマトペを使うことで、その時の気持ち
や様子を伝える（　　）。また、説明（　　）、その状況をありありと感覚的
に想像しやすくする効果があります。

❷ 次の（　　）に入る助詞を書いてください。

① 日本語（　　）（　　）オノマトペ（　　）なにしろ多いです。

② 「ワンワン」は日本語のオノマトペ（　　）犬の鳴き声（　　）表現したもの
　です。

③ オノマトペは、辞書にあるもの（　　）（　　）で2,000語以上と言われて
　います。

④ 同じ擬声語（　　）擬態語でも国によって、または言語によって、表現方
　法が大分違います。

⑤ 言語によるオノマトペの違いを調べてみる（　　）面白いですよ。

三 文型練習

❶ _____（ら）れる。

a. A社の業績[1]は今後[2]よくなると思う

b. 以前通って[3]いた学校が今は小さく感じる

c. 少子化は、日本社会のさまざまな問題の根源[4]だと考える。

❷ _____からすると、_____。

a. 彼の実力[5]　　　きっと合格[6]できるだろう

b. ネイティブ[7]　　王さんの日本語は少し不自然[8]だ

c. 話し方[9]　　　　彼は北京の人のようだ

❸ _____ようがない。

a. スマホを落として[10]しまったので、連絡する

b. 質問[11]の内容[12]がわからなかったので、答える

c. このプロジェクト[13]を担当[14]していないので、具体的[15]に説明する

❹ _____らしい。

a. 仕事が大変だから、田中さんは来月[16]会社を辞める[17]

b. 日本での生活になかなか慣れないので、李さんは来週[18]帰国する

c. 京都の紅葉はとても美しい

❺ A：_____。

B：_____わけだ。

a. 最近、彼女と別れた[19]　　　　それで[20]元気がない

b. 今日[21]花火大会[22]がある　　それで人がそんなに多い

c. フランスに来てもう10年だ　　それでフランス語がこんなにぺらぺらだ

❻ _____みたいだ。

a. 部屋がめちゃくちゃで、地震が起きた

b. 風が強くて、台風が来た

c. 彼女はきれいで、モデル[23]だ

❼ _____につれて、_____。

a. 日が経つ[24]　　　　　暖かくなってきた

b. 試験の日が近づく　　不安[25]になってくる

c. 勉強が進む　　　　　文法[26]が難しくなる

（単語）

1 業績⓪【名】业绩，成就，成果
2 今後⓪【名】今后，以后
3 通う⓪【自五】往来，来往
4 根源③【名】根源
5 実力⓪【名】实力
6 合格⓪【名・自サ】合格，及格，考上

7 ネイティブ①【名】本地人；母语者
8 不自然だ②【形動】不自然
9 話し方④【名】说话方，说法
10 落とす②【他五】失落，遗失，弄掉
11 質問⓪【名・自他サ】提问，询问
12 内容⓪【名】内容

単語

13 プロジェクト②【名】研究课题，计划，项目	20 それで⓪【接】因此，因而
14 担当⓪【名・他サ】担任，担当	21 今日①【名】今日，今天
15 具体的だ⓪【形动】具体的	22 花火大会④【名】烟火晚会
16 来月①【名】下个月	23 モデル①【名】模特
17 辞める⓪【他一】辞职；放弃	24 経つ①【自五】经，过
18 来週⓪【名】下周	25 不安⓪【名・形动】不安，不放心
19 別れる③【自一】分开，分手	26 文法⓪【名】文法，语法

四　質問練習

以下の質問に日本語で答えてください。

① 中国語で犬の鳴き声[1]はどのように表現しますか。

② どんなオノマトペを知っていますか。

③ ②に挙げたオノマトペはどんな意味ですか。説明してください。

④ 友人が悩んでいるらしいと思ったら、あなたはどうしますか。

⑤ 大人になるにつれて、おいしいと思うようになった食べ物はありますか。

単語

1 鳴き声③【名】鸣声，啼声

五　読解練習

アルバイトの思い出

　学生時代[1]、よくアルバイトをしていた。高校の時は、学校の図書室で手伝い[2]をしていたが、大学に入ると、旅行業務[3]や翻訳[4]のアルバイトをした。二十年ほど前のことだったが、物価[5]は安かった。両親[6]から学費[7]や生活費[8]をもらっていたので、生活面[9]では困る[10]ことはなかったが、社会勉強と言うよりは、遊び半分[11]でアルバイトして、お金[12]を儲けて[13]いた。毎日、教室、食堂、寮とバイト先を循環[14]しているだけだったので、あまりお金がかからなかった。アルバイトでもらったお金をなんとなく[15]貯めて[16]いて、通帳[17]の数字[18]がかなり大きくなっていた。

　　父の誕生日[19]に、値段の高いカメラ[20]を買ってプレゼントした。喜んでくれるかと思っていたが、父は大変心配していた様子だった。カメラを買う金はどこからもらったのかと警察[21]のように尋問[22]した。アルバイトの時給[23]とバイトの出勤[24]時間表を見せていちいち[25]説明した。父は真面目に聞いてくれた。その時の父の真剣[26]そうな顔は、今でも忘れられない。

次のことについて考えてみてください。

① 作者がアルバイトをしたのはなぜでしょうか。

② 作者のお父さんはカメラをもらった時、どんな気持ちだったのでしょうか。

③ 皆さんはアルバイトをしたことがありますか。また、どんなアルバイトをしていましたか。話し合ってみましょう。

単語

1 時代 ⓪【名】时代	**14** 循環⓪【名・自サ】循环
2 手伝い③【名】帮助，帮手	**15** なんとなく④【副】不由得，总觉得
3 業務①【名】业务	**16** 貯める⓪【他一】存，攒
4 翻訳⓪【名・他サ】翻译，笔译	**17** 通帳 ⓪【名】存折，账本
5 物価⓪【名】物价	**18** 数字⓪【名】数字
6 両親①【名】双亲，父母	**19** 誕生日 ③【名】生日
7 学費⓪【名】学费	**20** カメラ①【名】照相机
8 生活費④【名】生活费	**21** 警察⓪【名】警察
9 ～面①【名】……方面，……领域	**22** 尋問⓪【名・他サ】询问，盘问
10 困る②【自五】困难，苦恼	**23** 時給⓪【名】计时工资
11 半分③【名・接尾】半，一半	**24** 出勤⓪【名・自サ】出勤，上班
12 お金⓪【名】钱，货币	**25** いちいち②【副】逐个
13 儲ける③【他一】赚，赚钱	**26** 真剣だ⓪【名・形動】认真，一丝不苟

六　聴解練習 🔊

❶ 次の会話を聞いて質問に答えてください。

質問：佐藤先生は今日、どんな様子ですか。

① ずっとにこにこしている

② 声を出して笑っている

③ 嬉しくてＳＮＳで結婚を発表した

④ 質問する時にやにやしている

┌─ 単語 ───

1 嬉しい③【形】高兴的，喜悦的　　　　　4 質問⓪【名・自他サ】提问，询问

2 隠す②【他五】隐藏，藏匿，掩盖　　　　5 にやにや①【副・自サ】暗笑；嗤笑

3 授業①【名・自サ】课，授课，上课　　　6 笑う⓪【自他五】笑；嘲笑

└──

❷ 次の文を聞いて質問に答えてください。

質問：オノマトペとはどんな言葉ですか。

① 日本語だけにある言葉です

② 日本人にとって使うのがとても難しい言葉です

③ 外国人はみんな意味が理解できません

④ 日本人にとってとても便利な言葉です

和歌与俳句

和歌（わか），也称为"倭歌（やまとうた）"，指与"汉诗"相对的日本古典诗歌。众所周知，在历史上日本深受中国文化影响，因此在平安时代中期之前，汉诗雄踞日本古代诗坛的主流，汉诗文的鉴赏与创作，标志着文人的品位与水平。"和歌"起源于日本的古代歌谣，作为日本特有的文化，以"日本之歌"的姿态，成为承载日本民族独特审美的重要手段，逐渐成为一种可以与"汉诗"对峙的文学形态。

以内容论，和歌可以分为杂歌、相闻歌、挽歌等；就形式而言，和歌又分为长歌、短歌、旋头歌、佛足石歌等。其中传世的短歌数量远远多于其他形式的和歌，因此，现在提到和歌的时候，一般是专指短歌。短歌全篇五句，各句音节长度分别为"五、七、五、七、七"，因其共有31音节，所以又被称为"三十一文字"。表面上看，短歌与中国的五言、七言绝句相比，字数更多，但事实上因为日语一个音节未必能表达一个独立的意思，所以短歌所能容纳的内容非常有限，中国古典诗歌"赋、比、兴"的手法和"歌以咏志"的功用，在日本的和歌中较为罕见。

后来随着日本短歌的发展，出现了"连句"，连句就像是短歌中句子的接力，一人吟咏上句的"五、七、五"，一人接着吟咏下句的"七、七"，轮流吟咏。这种文学活动的妙处在于出人意表，故风格也逐渐倾向于谐谑滑稽，被称为"俳谐"，而作为连句第一句——"发句"，则成为后来所说的"俳句"。俳句较之和歌更短，只有"五、七、五"17个音节，所以笔墨多以白描写景，写景也多留余白，让读者自己去体味其中的"余韵"。俳句的代表诗人松尾芭蕉，推崇闲寂枯淡、轻妙雅致的风格，他所作「古池や 蛙飛び込む水の音」，余音袅袅，广为人知。

和歌与俳句是中国日本学研究的重要研究对象，31文字也罢，17音节也罢，其汉译的方式一直是学术讨论的内容。前文提到的松尾芭蕉的名句，应该如何翻译成汉语呢？

课文会话译文

🌸 第2课 拟声拟态词

课文

　　大家想象"狗的叫声"是什么样的声音呢？我觉得大多数人想象的是"汪汪"吧。这个"汪汪"是"拟声拟态词"。「オノマトペ」是法语"拟声词、拟态词"的意思。即使不作冗长的说明，通过拟声拟态词也能传达当时的心情和状态。另外，相比作说明，（拟声拟态词）更容易让人直观地想象当时的情景。

　　日语中的拟声拟态词很多，不可能把所有的拟声拟态词都收录到普通的词典里。据说仅词典里就有2 000个以上的拟声拟态词。而且，好像现在还在不断产生新的拟声拟态词。这是因为随着人们的感受方式发生变化，拟声拟态词也发生了变化。

　　话说回来，日语拟声拟态词是用「ワンワン（汪汪）」来表达狗的叫声，而即使是同样的拟声词和拟态词，根据国家和语言的不同，表达方法也大不相同。如果调查一下不同语言的拟声拟态词的差异，也许会很有趣。

会话

登场人物：

陈健（男），樱花国际大学的中国留学生

马铃铃（女），樱花国际大学的中国留学生

吉田博司（男），樱花国际大学的日本学生

◆在大学食堂，（三人）谈论着在寄宿的地方发生的事。

　陈：昨天，寄宿家庭的妈妈对我说"这个叮一下"，我不知道"叮"是什么意思。

　马："叮"？我也不知道。吉田君，什么意思？

吉田：啊，那是"用微波炉加热"的意思。

　陈：微波炉？为什么是"叮"呢？

吉田：用微波炉加热，结束的时候会发出声音吧？

马：啊！"叮"的一声吧，是那个声音？

吉田：对对。那个音在日语中表现为「チン」或「チーン」，但也有在后面加上「する」作为动词使用的。

陈：我还以为「チン」是指我的姓呢，日语的拟声拟态词真的很多，在我这个外国人看来，简直就是拟声拟态词的"森林"。

马：还有其他将拟声拟态词作为动词使用的(词)吗？

吉田：拟声拟态词动词化的词，有很多啊。例如「にこにこ(笑眯眯)」「ドキドキ(心怦怦跳)」「キラキラ(闪闪发光)」等。

马：啊，听说过「にこにこ(笑眯眯)」和「ドキドキ(心怦怦跳)」，但是没用过。

陈：总觉得日语随着学习的深入，好像越来越难了。

马：不过，随着拟声拟态词的使用，我想会习惯起来的。久而久之，自己也能感觉(自己的日语)接近了日本人的日语。

第3課　時間の概念

学習目標

① 能够解释某种社会运行规则。

② 能用日语表达自己的不满。

③ 理解一般社交礼仪的重要性与必要性。

文法項目

❶ 〜のに（助詞→転折）

❷ 〜わけにはいかない

❸ 〜ように（目的）

❹ 〜くせ（に）

❺ 〜でも（助詞→列挙）

❻ 〜わ（接尾詞）

❼ 〜せいで

本文

　「日本の電車やバスなどは時間に正確だ」と日本に来た外国人はよく言う。多くの日本人から見れば、遅刻はマナー違反の一つなのだ。一般的に日本では時間を守ることはマナーの基本であり、遅刻する時は事前に知らせることが最低限のマナーである。

　では、日本人はなるべく遅刻しないようにする為に、どのように行動しているのだろうか。多くの人は、約束の時間から逆算して行動を始める。勿論、全てが予定通りというわけにはいかない。予定通りに行動したのに、偶然の事故などでその通りにならないという場合もある。もし、間に合わないことが分かったら、すぐに相手に連絡し、遅刻することを知らせておくとよい。もし、とても暑い日や寒い日に約束の相手を長く待たせれば、その人はそのせいで体を悪くしてしまうかもしれない。または、機嫌

を悪くしたり、他の仕事ができなくなったりすることも考えられる。しかし、事前に連絡しておけば、相手はコーヒーでも飲みながら待つことができ、イライラしないで済むだろう。

　時間を守り、遅刻しないことは、相手への思いやりであり、自分との時間を作ってくれた相手への感謝の気持ちの表れでもあろう。マナーとは相手を思いやるということなのだ。

新しい単語 🔊

❶	概念 ①	【名】	concept	概念
❷	電車 ⓪	【名】	electric train	电车
❸	バス ①	【名】	bus	公共汽车
❹	正確 ⓪	【名・形動】	correctness	正确
❺	遅刻 ⓪	【名・自サ】	be late	迟到
❻	マナー ①	【名】	manners	礼貌，礼节
❼	違反 ⓪	【名・自サ】	violation	违反，违规
❽	一般 ⓪	【名・形動】	general; ordinary	一般，普遍；普通
❾	基本 ⓪	【名】	basis	基本，基础
❿	事前 ⓪	【名】	prior	事先，事前
⓫	知らせる ⓪	【他一】	inform	通知，告知
⓬	最低限 ③	【名】	minimum	最低限度，起码，下限
⓭	なるべく ⓪	【副】	as... as possible	尽量，尽可能
⓮	どのように ①	【副】	how	怎样地
⓯	行動 ⓪	【名・自サ】	action, act	行动，行为
⓰	約束 ⓪	【名・他サ】	appointment	约会，约定
⓱	逆算 ⓪	【名・他サ】	count backward	倒推，逆行运算
⓲	予定 ⓪	【名・他サ】	plan	预定，预计
⓳	偶然 ⓪	【名・形動・副】	accident, chance	偶然

⑳ 事故 こ ①	【名】	accident	事故，事由
㉑ 間に合う まあ ③	【自五】	in time	赶得上，来得及
㉒ 連絡 れんらく ⓪	【名・自サ】	contact	联络，联系
㉓ ～所為 せい ①	【名】	owing to	（引起某种不好结果的）缘故，原因
㉔ 機嫌 きげん ⓪	【名】	mood	心情，情绪
㉕ 思いやり おも ⓪	【名】	consideration	体贴，关怀
㉖ 表れ（現れ） あらわ あらわ ④	【名】	expression	表现，流露，反映
㉗ 思いやる おも ④	【他五】	think of	体谅，关怀

登場人物

山田 順子（女）、桜 国際大学の日本人学生

佐々木 絵里（女）、桜 国際大学の日本人学生

◆カフェで。山田さんがなんだか怒っている様子。

山田：ねえ、ちょっと聞いてよ！

佐々木：どうしたの？そんなにイライラして。なんだかすごく怒ってるよね？

山田：昨日、彼氏と待ち合わせをしたんだけど、彼、10分も遅刻してきたの。

佐々木：私から見れば、10分くらいの遅刻はまだましだと思うんだけど…。

山田：私は暑い中、待ち合わせ場所で20分も待ってたの！それに、彼は遅れて来たくせに一言も謝らなかったのよ。しかも、到着して一言目に「ああ、暑い、暑い！暑くて遠かったからもう疲れた！早く店に入って冷たいコーヒーが飲みたいな」って言ったのよ。これは怒らないわけにはいかないでしょ？

佐々木：それは良くないね。「待たせてごめんね」くらい言って欲しいよね。

山田：そうでしょ！私の事を全然考えてないわ！こんなに時間にルーズで思いやりのない人だとは思わなかった。彼とはもう別れる！

佐々木：まあまあ、落ち着いて。そんなこと言っても彼のことが好きなくせに。

山田：うん、まあ、そうなんだけど…。でもやっぱり許せない！

新しい単語 🔊

❶ ねえ ①	【感】	hey	哎，喂（同「ね」）
❷ 彼氏 ①	【名・代】	boyfriend	他；男朋友
❸ 増し ⓪	【名】	the better	强于，胜过
❹ 場所 ⓪	【名】	location, place	地点，场所
❺ それに ⓪	【接】	besides	并且，加之
❻ 一言 ②	【名】	a (single) word	一言，一句话
❼ 謝る ③	【自他五】	apologize	道歉，赔礼，谢罪
❽ 暑い（熱い）②	【形】	hot	热，炎热，暑热
❾ 御免 ⓪	【名】	sorry	请原谅，对不起
❿ 全然 ⓪	【副】	not... at all	（后接否定）一点也不……，根本不……
⓫ ルーズだ ①	【形動】	loose	松懈，散漫
⓬ 別れる ③	【自五】	break up	分开，分手
⓭ まあまあ ①・まあ ①	【名・副】	there; reasonably	好了，行了；还可以，尚可
⓮ 落ち着く ⓪	【自五】	calm down; settle down	平静，镇静；安稳，安定
⓯ 許す ②	【他五】	forgive; allow	原谅，宽恕；允许，许可

覚えましょう 🔊

① 歳月　さいげつ ①【名】岁月
② 年月　ねんげつ ①【名】年月
③ 年月日　ねんがっぴ ③【名】年月日
④ 春秋　しゅんじゅう ⓪【名】春秋
⑤ 時限　じげん ⓪【名】时限，定时；课时

⑥ 会期　かいき ①【名】会期
⑦ 期末　きまつ ⓪【名】期末
⑧ 瞬間　しゅんかん ⓪【名】瞬间
⑨ 時分　じぶん ①【名】时，时候
⑩ 潮時　しおどき ⓪【名】机会；潮涨潮落时

文法解说

1 〜のに／尽管……却……，虽然……但是……

接续： 用言连体形、体言な＋のに

解说： 表示逆接条件。往往带有意外、埋怨、不满等语气。前项为已确定的事实，后项一般不用请求、意志、推量等表达。可译为"虽然……但是……""尽管……却……"。

◆ 予定通りに行動したのに、偶然の事故などでその通りにならないという場合もある。／虽然是按照预定计划实施的，但有时由于偶然的事故等原因，也有可能出现未能如愿以偿的情况。

◆ この町は昼がにぎやかなのに、夜になると人がまったくいなくなる。／这个城市白天很热闹，到了晚上却完全没有人。

◆ 雨が降っているのに、外で遊んでいる。／下着雨却还在外面玩。

◆ もうちょっと早く来てくれればいいのに。／（你）要是早点儿来就好了。

◆ ちゃんと知っていたのに教えてくれなかった。／明明知道却没告诉我。

◆ 五月なのになんでこんなに暑いんだろう。／刚到五月份，怎么就这么热呢？

2 〜わけにはいかない／不能……，不可以……

接续： 动词连体形＋わけにはいかない

解说： 本句型由形式体言「訳」（道理、原因）、动词「行く」的否定式及助词「に」「は」构成。表示从以往经验、一般社会常识等各种因素考虑，不能进行后项动作、行为。可译为"不能……""不可以……"。有时也以「〜わけにもいかない」的形式出现。

◆ 勿論、全てが予定通りというわけにはいかない。／当然，不可能一切都能按计划实现。

◆ 今日は車を運転してきたので、酒を飲むわけにはいかないんだ。／今天开车来的，不能喝酒啊。

◆ 社長が率先して働いているのだから、社員が休んでいるわけにはいかない。／（公司）社长在带头工作，职员怎么能休息呀。

◆ この研究の計画は極秘だから、家族にも話すわけにはいかない。／这个研究计划是绝对机密，连对家里人都不能说。

※〜ないわけにはいかない

　　前接动词未然形，表示"不能不……、不可不……、必须……"。

◆ この本は図書館から借りたので、返さないわけにはいかない。／这本书是从图书馆借来的，所以不能不还。

3　〜ように／为了……，以便……

接续：动词连体形、动词否定式＋ように

解说：表示为了实现某种状态而做或不做某事，含有目的、劝告、期盼等意。可译为"为了……""以便……""以免……"。比况助动词「よう」前面多为非意志动词，如「なる」（成为）、「できる」（能够）。「よう」前还可接动词否定式，「ように」后面则多为表示说者意志行为的动词，使用时有时省略「に」。

◆ 日本人はなるべく遅刻しないようにする為に、どのように行動しているのだろうか。／日本人为了尽量不迟到，是怎么做的呢？

◆ 誰でも見えるように、字を大きく書いた。／为了使大家都能看见，把字写得很大。

◆ 子供でもわかるようにこの地図を選んだ。／为了让孩子也能看懂，就选择了这张地图。

◆ 忘れないように手に書いたが、見るのを忘れた。／怕忘记，写在了手上，结果忘看了。

◆ この料理は子供でも食べられるように、甘く軟らかくしてあります。／为了孩子也能吃，这道菜做得甜嫩可口。

◆ 試験の時、話をしないように受験生に注意しました。／提醒了考生，考试时不要说话。

◆ 寒くなりましたが、風邪など引かぬように、お気をつけください。／天气冷
　了，请小心不要感冒。

4 〜くせ（に）／虽然……却……，明明……却……

接续： 体言の、用言连体形＋くせ(に)

解说： 「くせ」是名词，意为"癖好""习惯"，加上助词「に」，表示后项的事态
　　　　与根据前项内容来判断而应当发生的结果不相符合，含有揶揄、讽刺的
　　　　语气。可译为"虽然……却……""明明……却……"。

◆ 彼は遅れて来たくせに一言も謝らなかったのよ。／他来晚了，却一句道歉的
　话也没有。
◆ 父は私たちに「本を読みなさい」というくせに、自分はまったく読まない。／
　爸爸经常跟我们说要读书，可自己却从来不看书。
◆ 母は医者のくせに、自分の体を大切にしない。／妈妈是医生，却不爱惜自己
　的身体。
◆ 山下さんは体が大きいくせに、力がない。／山下那么大的块头，却没有劲
　儿。
◆ 自分のせいで失敗したくせに、すぐ人のせいにするのは悪い癖だ。／明明自己
　搞砸了，却立马往别人身上赖，这是一个坏毛病。
◆ 彼は、彼女が好きなくせに、あんなタイプじゃないなどと言っている。／他明
　明喜欢她，可是嘴上却说喜欢的不是那种类型之类的话。

5 〜でも／表示列举

接续： 体言＋でも

解说： 副助词「でも」能表达的意思比较多（☞第一册第12课），此处表示在一类
　　　　事物中只列举其一，有委婉、含蓄之意。在汉语中一般不必译出。「でも」
　　　　前也可叠加其他助词。

> ◆ 事前に連絡しておけば、相手はコーヒーでも飲みながら待つことができ、イライラしないで済むだろう。／如果事先联系了对方，对方可以一边喝咖啡一边等待，就不会感到焦躁了吧。
>
> ◆ 馬君、テレビでも見ようか。／小马，咱们看会儿电视吧。
>
> ◆ お茶でもいれましょう。／我给您沏杯茶吧。
>
> ◆ もう少し時間があるので、新聞でも買ってこよう。／因为还有一点儿时间，我去买一份报纸来。
>
> ◆ 大きな仕事が終わったので、二人で温泉にでも行きましょうか。／干完了这项重要的工作，咱们俩去温泉怎么样。

⑥ 〜わ

接続：用言終止形＋わ

解説：「わ」是终助词、女性口语用语，表示主张、决心、判断、感叹、惊叹等语气。作为女性用语，其使用者近年来呈现趋于减少的态势。

> ◆ そうでしょ！私の事を全然考えてないわ！／是吧！完全没考虑到我！
>
> ◆ 私も行きたいわ。／我也想去！
>
> ◆ この方がいいと思うわ。／我觉得这样好。
>
> ◆ いいお天気だわ。／天气真好！
>
> ◆ まあ、綺麗だわ。／啊，好美！

⑦ 〜せいで／由于……，因为……

接続：用言連体形、体言の＋せいで

解説：本句型用于表示不良结果的原因，后半句为由于该原因所产生的不良结果。

> ◆ 人にコンピュータを貸したせいで、すぐに調べることができない。／因为电脑借给别人了，所以没办法立刻查东西。
>
> ◆ 私の言い方が悪かったせいで、彼女を怒らせてしまった。／因为我说话的方式不好，惹她生气了。

◆ 使い方が複雑なせいで、うまく使えませんでした。／（都怪）用法太复杂了，根本没用好。

◆ 私のせいで、彼女も遅刻してしまった。／都怪（因为）我，她也迟到了。

関連語彙

電車⓪ ➡ 発車⓪・乗車⓪・停車⓪・消防車③・救急車③

違反⓪ ➡ 反語⓪・反省⓪・反感⓪・反問⓪・二律背反④

基本⓪ ➡ 本人①・本来①・脚本⓪・資本⓪・根本⓪

逆算⓪ ➡ 計算⓪・清算⓪・予算⓪・換算⓪・決算①

練習

❶ 次の単語に読み仮名を付けてください。

　① 謝る　　　② 正確だ　　　③ 遅刻　　　④ 機嫌　　　⑤ 電車

❷ 次の仮名の漢字を書いてください。

　① ぎゃくさん　② さいていげん　③ じこ　④ よてい　⑤ やくそく

❶ 文章内の空欄に入るもっともふさわしい言葉を、次の①～⑤からそれ
ぞれ選んで書いてください。

　① のに　② だろうか　③ 為　④ わけにはいかない　⑤ ように

　日本人はなるべく遅刻しない（　　）する（　　）に、どのように行動して
いるの（　　）。多くの人は、約束の時間から逆算して行動を始める。勿論、
全てが予定通りという（　　）。予定通りに行動した（　　）、偶然の事故な
どでその通りにならないという場合もある。

❷ 次の（　　）に入る助詞を書いてください。

　① 暑い日や寒い日に約束の相手（　　）長く待たせれば、その人はそのせい
　　で体を悪くしてしまうかもしれない。

　② 時間を守り、遅刻しないことは、相手（　　）の思いやりである。

　③ もし、間に合わないことが分かったら、すぐに相手に連絡し、遅刻するこ
　　とを知らせておく（　　）よい。

　④ 私は暑い中、待ち合わせ場所で20分も待ってたの！それに、彼は遅れて
　　来たくせに一言（　　）謝らなかったの（　　）。

　⑤ こんなに時間にルーズ（　　）思いやりのない人だとは思わなかった。彼
　　とはもう別れる！

三　文型練習

❶ ＿＿＿＿＿＿＿＿＿のに、＿＿＿＿＿＿＿。

a. 約束した　　全然守っていない

b. 連絡した　　なかなか返事¹が来ない

c. もう春だ　　まだ寒い日が続いて²いる

❷ ＿＿＿＿＿＿＿＿＿＿＿＿＿＿＿わけにはいかない。

a. 明日テストがあるので、ゲームをする

b. この仕事は彼一人では無理なので、私が一緒にやらない

c. 今日は用事³があるので、残業する

❸ ＿＿＿＿＿＿＿＿＿ように、＿＿＿＿＿＿＿。

a. 日本語をうまく話せる　　　　毎日練習している

b. 小テストで悪い点をとらない　単語⁴と文法を復習している

c. 日本に遊びに行ける　　　　　貯金⁵している

❹ ＿＿＿＿＿＿くせに、＿＿＿＿＿＿。

a. 運動部⁶に入っている　　体力⁷がない

b. 歌が苦手だ　　　　　　合唱部に入った

c. 何も知らない　　　　　いつも文句⁸ばかり言っている

❺ ＿＿＿＿＿＿でも＿＿＿＿＿＿＿＿＿＿＿＿。

a. 先生に　　　　　　相談⁹してみよう

b. お茶¹⁰　　　　　　飲もうか

c. チョコレート¹¹　　食べようか

単語

1 返事③【名・自サ】答应，回答
2 続く⓪【自五】继续，连续
3 用事⓪【名】事，事情
4 単語⓪【名】单词
5 貯金⓪【名・自サ】存钱
6 運動部③【名】运动部，运动队
7 体力①【名】体力
8 文句①【名】意见，牢骚
9 相談⓪【名・他サ】商量，协商
10 お茶⓪【名】茶
11 チョコレート③【名】巧克力

四　質問練習

以下の質問に日本語で答えてください。
① 今日は何月何日ですか。年月日を正確に言って下さい。
② あなたが遅刻したのに、相手が怒らなかったことはありますか。
③ 日本語の単語を忘れないようにするために、なにか工夫をしていますか。
④ 遅刻することを相手に伝えるとき、どのように言いますか。
⑤ 最近予定通りに行かなかったことはありますか。なるべく詳しく¹教えて下さい。

単語

1 詳しい③【形】详细，详密

五　読解練習

年賀状[1]

　年賀状とは、新年[2]の始まり[3]のお祝い[4]をするために出すはがき[5]や手紙のことである。相手に向けて[6]、前年[7]の感謝と新しい一年も変わらぬ関係を依頼[8]する気持ちを表す。欧米[9]において[10]は、1900年前後[11]に、新年を祝う絵はがき[12]を交換することが行われていたが、現在はクリスマス[13]カード[14]で新年とクリスマスの挨拶を行って[15]いる。日本では、新年になるとたくさんの人が年賀状を利用[16]し、自分の気持ちを伝える。

　日本のお正月[17]によく使われる年賀状は「お年玉[18]付き[19]年賀[20]はがき」であり、毎年11月頃から発売[21]される。「お年玉付き年賀はがき」の発売数が最も多かったのは2003年ごろで、44.5億枚も売れたそうだ。日本の人口[22]で計算[23]すると、当時[24]の日本人は、一人当たり[25]40枚以上も年賀はがきを出したということになる。ところが2020年になると、この数[26]は大幅[27]に減少[28]し、23.5億枚になった。もちろん、電子メール[29]やＳＮＳの発達[30]に影響されたのである。年賀状には、写真・音声[31]、また動画さえも入れられる時代になり、新年の色[32]は豊か[33]になった。

次のことについて考えてみてください。

① 年賀状はどんな時に、どんな人に出すものでしょうか。

② 日本人が年賀状をだんだん出さなくなったのはなぜでしょうか。

③ あなたは年賀状を出したことがありますか。

（単語）

1　年賀状 ③【名】贺年卡
2　新年①【名】新年
3　始まり⓪【名】开端，开始
4　祝い⓪【名】祝贺，贺礼
5　葉書⓪【名】明信片
6　向ける⓪【自他一】朝，向
7　前年⓪【名】上一年
8　依頼⓪【名・他サ】请，委托
9　欧米⓪【名】欧美
10　～に於いて【句型】在……，关于……
11　前後①【名】前后
12　絵葉書 ②【名】绘图明信片
13　クリスマス③【名】圣诞节
14　カード①【名】卡片
15　行う⓪【他五】进行，举行
16　利用⓪【名・他サ】利用
17　正月④【名】新年；正月，一月

18　年玉⓪【名】压岁钱
19　～付き②【接尾】附……，带……
20　年賀①【名】贺新年，拜年
21　発売⓪【名・他サ】出售，发售
22　人口⓪【名】人口
23　計算⓪【名・他サ】计算
24　当時①【名】当时
25　～当たり①【接尾】每……
26　数①【名】数，数目
27　大幅⓪【名・形动】大幅度
28　減少⓪【名・自他サ】减少
29　電子メール④【名】电子邮件
30　発達⓪【名・自サ】发达，进步
31　音声①【名】语音
32　色②【名】颜色
33　豊かだ①【形动】丰富

六　聴解練習 🔊

❶ 次の会話を聞いて質問に答えてください。

質問：田中さんはこれからどうしますか。

① 待ち合わせ場所に行きます

② 10分ほど遅刻します

③ ケーキを食べに行きます

④ 涼しい店の中で佐藤さんを待ちます

（単語）

1　すいません④【組】对不起，抱歉，劳驾
2　涼しい③【形】凉快的，凉爽的；清澈的
3　御免なさい⑤【組】对不起，抱歉

4　奢る⓪【自他五】奢侈；请客
5　ケーキ①【名】蛋糕
6　後程⓪【副】随后，等会儿

❷ 次の文を聞いて質問に答えてください。

質問：「最もよい」のはどうすることですか。

① 遅刻しない　　　　　　　② 5分ほどの遅刻をする

③ 相手のことを尊重する　　④ きちんと謝る

単語

1 非礼⓪【名】失礼，不礼貌

2 尊重⓪【名・自他サ】尊重

3 きちんと②【副・自サ】整整齐齐，井井有条；明确，清楚

日本柔道

　　柔道是一种两人徒手较量的竞技体育运动，最早起源于日本。明治15年（1882年），来自日本的嘉纳治五郎创立了现代柔道，人称其为"柔道之父"。嘉纳治五郎不仅是柔道家，还是教育家。他曾在中日甲午战争后为前往日本的中国留学生创立弘文学院补习日语。

　　柔道的前身是日本传统体育项目柔术，而柔术又受中国拳术的影响。1876年，日本明治政府颁布"废刀令"，使整个武士阶层崩溃，柔术作为一种武术失去了社会基础。而当时的东京帝国大学（现东京大学）的学生嘉纳治五郎则反其道而行之，师从各派柔术大师学习。按嘉纳治五郎的说法，他将柔术看作是一种修身养性的方法："在柔术对抗竞争中领悟到的原理，可以拓展到人生的各种事业中，没有比这更好的修养方法了。"后来，嘉纳创立了"讲道馆"柔道道场，汲取各柔术流派之长，又融合了西方智育、德育、体育的教育理论。这些作法使人在强身健体的同时，培养身心，使其人格完整。这样一来，柔道便完成了从"术"到"道"的转变。1911年，日本政府允许将柔道列为初中体育课的可选科目。

　　嘉纳治五郎逝世后，为了使柔道成为在世界范围内能够被广泛接受的竞技运动项目，讲道馆的后继者主动进行改革，如采用按体重分级制度判定胜负方式等。功夫不负有心人，1964年，男子柔道在东京奥运会上首次被列为正式比赛项目。在竞技中，一场比赛时长，男子、女子均为4分钟。比赛设3名裁判员，分别是1名主裁判和2名副裁判。主裁判在场上组织运动员进行比赛，并负责比赛过程分值、处罚的判定，宣布胜负等。2名副裁判协助主裁判对技术分值或者判罚的公平性和合理性进行把控。柔道采用"段级位制"，共分为十段五级，以腰带颜色表示段位高低，最高段为红带。

　　2021年日本东京奥运会上，日本在柔道项目上夺下了9枚金牌。柔道可以说是日本非常具有代表性的竞技体育项目。

课文会话译文

第3课 时间的概念

课文

来日本的外国人常说："日本的电车和公共汽车很准时。"在很多日本人看来，迟到是违反礼仪的行为之一。一般来说，在日本守时是基本的礼仪，迟到的时候事先通知对方是最低限度的礼节。

那么，日本人为了尽量不迟到，是怎么做的呢？很多人从约定的时间倒推，然后开始行动。当然，不可能一切都能按计划实现。虽然是按照预定计划实施的，但有时由于偶然的事故等原因，也有可能出现未能如愿以偿的情况。如果知道来不及的话，要马上和对方取得联系，告知对方自己要迟到了。如果在炎热或寒冷的天气里让对方等太久，对方可能会因此而身体不适，另外，也有可能会让对方心情变坏，无法做其他的工作。但是，如果事先联系了对方，对方可以一边喝咖啡一边等待，就不会感到焦躁了吧。

守时、不迟到，既是对对方的体贴，也是对与自己共享时光的对方示以感谢之情的表现。所谓礼仪，就是对对方的一种关怀。

会话

登场人物：

山田顺子（女），樱花国际大学的日本学生

佐佐木绘里（女），樱花国际大学的日本学生

◆在咖啡厅。山田好像很生气的样子。

山田：喂，你听我说啊！

佐佐木：怎么了？那么烦躁，看你好像很生气啊？

山田：昨天我和男朋友约好见面，可是他迟到了10分钟。

佐佐木：在我看来，迟到10分钟还好吧……

山田：我冒着酷暑，在约定的地方等了20分钟！而且，他来晚了，却一句道歉的话也没有。并且，到达后第一句话就是"啊，好热，好热！又热又远，我都累了！好想快点进店喝杯冰咖啡"，这能让人不生气吗？

佐佐木：那可不对呀。至少应该说一句"让你久等了，对不起"。

山田：是吧！完全没考虑到我！没想到他这么不守时、不体贴人。我要和他分手！

佐佐木：好了好了，冷静点。虽然这么说，但你还是喜欢他。

山田：嗯，是啊，话虽这么说……但还是不能原谅他！

第4課　QRコード

学習目標

① 能够有条理地描述某种事物的发展过程。
② 能用日语说明自己对某种流行事物的态度及观点。
③ 理解科技发展对人们生活产生的影响。

文法項目

❶ ～（よ）うとする
❷ ～こそ
❸ ～ずつ
❹ ～てはいられない
❺ ～ことに
❻ ～といっても

　日本人といえばどんな人をイメージしますか。日本人といっても色々な人がいます。真面目でコツコツと頑張る人もたくさんいます。発明の世界では、このような人こそが、偉大な発明をすると言われています。

　「ＱＲコード」は誰もが一度は使ったことがあるでしょう。ＱＲコードが発明される前は、「バーコード」でデータを読み取っていました。しかし、バーコードが読み取れる情報は、それほど多くありませんでした。そこで、日本のある企業が、より多くのデータを速く処理できる新しい技術を作ることにしました。

　このプロジェクトは最初、たった二人から始まりました。そして驚いたことに、多くの苦労を経て１年半という短い期間で、たくさんのデータを一瞬で読み取ることができるＱＲコードを

誕生させました。

　もう一つ驚いたことに、彼らは、苦労して発明したＱＲコードを無料で公開したのです。そのお陰で、今ではＱＲコードは様々な場面で使われ、世界中の人々の役に立っています。人々の仕事や生活をより良くしようとすることこそが彼らの発明の本当の目的だったのでしょう。

新しい単語

❶ ＱＲコード ⑥	【名】	QR code	二维码
❷ イメージ ②	【名・他サ】	image	形象，意象；映像，图像
❸ コツコツ ①	【副】	diligently	踏实地，孜孜不倦地
❹ 発明 ⓪	【名・他サ】	invent	发明
❺ 偉大だ ⓪	【形动】	great	伟大
❻ バーコード ③	【名】	bar code	条形码
❼ データ ①	【名】	data	数据；事实，资料
❽ 読み取る ⓪	【他五】	read, understand	领会，读懂，看明白
❾ それほど ⓪	【副】	so	（常后接否定）（不）那么，（不）那样
❿ そこで ⓪	【接】	so, therefore	因此，所以
⓫ 企業 ①	【名】	company, enterprise	企业
⓬ より ⓪	【副】	more	更，更加
⓭ 処理 ①	【名・他サ】	process	处理，办理
⓮ プロジェクト ②	【名】	project	研究课题，计划，项目
⓯ たった ⓪	【副】	only	只，仅
⓰ 苦労 ①	【名・自サ】	hardship	辛苦，劳苦，艰苦
⓱ 経る ①	【自一】	pass; go through	（时间）经过；通过，路过
⓲ ～半 ①	【名】	half	……半，一半

⑲	短い ③ ^{みじか}	【形】	short	短，短小
⑳	期間 ① ^{き かん}	【名】	period	期间，期限
㉑	一瞬 ⓪ ^{いっしゅん}	【名】	an instant	一瞬，一刹那
㉒	誕生 ⓪ ^{たんじょう}	【名・自サ】	birth	出生，诞生
㉓	驚く ③ ^{おどろ}	【自五】	be surprised	吃惊，惊讶
㉔	無料 ⓪ ^{む りょう}	【名】	free	不要钱，免费
㉕	公開 ⓪ ^{こうかい}	【名・他サ】	open to the public	公开，开放
㉖	場面 ① ^{ば めん}	【名】	scene	场面，情景，场景
㉗	役に立つ ⓪+① ^{やく た}	【组】	be helpful	有用处，有益
㉘	目的 ⓪ ^{もくてき}	【名】	purpose	目的，目标

会話

登場人物

山口 武（男）、桜国際大学の日本人学生

松本安奈（女）、桜国際大学の日本人学生

羅玉霞（女）、桜国際大学の中国人留学生

◆お昼休み。週末の出来事を話している。

羅：みんなは週末何をしてたの？

山口：僕はソロキャンプに行ってきたよ。

羅：ソロキャンプ？

松本：一人キャンプのことだよ。今、日本では流行ってるんだよ。

羅：え！一人でキャンプ？キャンプと言ったら大勢で行かなきゃと思っていたよ。

山口：もちろん大勢で行くキャンプも楽しいけど、一人のキャンプも楽しいんだよ。

羅：山で一人で寝るんだよね？寂しくないの？

山口：ソロキャンプといっても、僕の場合はそこで友達を作るから、寂しくないんだ。

松本：知らない人と会話したり、料理を交換したり、少しずつ友達が増えていくのも楽しそうだよね。

山口：最近はキャンプだけでなく、遊園地や海外旅行など、以前は一人では楽しくないと考えられていたことを一人で楽し

む人が増えているんだよ。

松本：かえって一人の方がいいこともあるのよ。例えば、友達と休みが合わなかった時、他の人の都合に合わせなくてもいいから、自分が行きたい時に行ける。一人ぼっちと言ったら寂しく聞こえるかもしれないけど、場合によっては、逆に一人だからこそ楽しい時間が作れるとも言えるわね。

羅：日本人はこんなに一人の時間を楽しんでるんだね。私もこうしてはいられない！一人でも楽しめる何かを見つけなくちゃ！

新しい単語

❶ ソロ ①	【名】	solo		単独；独唱，独奏
❷ キャンプ ①	【名・自サ】	camp		野营，露营
❸ 流行る ②	【自五】	be popular		盛行，流行，时髦
❹ 大勢 ③	【名・副】	a lot of people		许多人，众人
❺ 少し ②	【副】	a few, a little		稍微，一点
❻ 遊園地 ③	【名】	amusement park		游乐场
❼ 却って ①	【副】	on the contrary		相反地，反而
❽ 休み ③	【名】	rest, holiday		休息，休假
❾ 都合 ⓪	【名・他サ】	convenience, circumstance		合适（与否），情况
❿ 合わせる ③	【他一】	fit, match		配合，调合，使适应
⓫ 一人ぼっち（独りぼっち）④	【名】	aloneness		单独一人，孤单一人
⓬ 逆（に）⓪	【名】	contrary		逆，倒，反，颠倒
⓭ 見つける ⓪	【他一】	find, discover		找到，发现

覚えましょう　◀))

① スキャン ②【名・他サ】扫描

② シェアサイクル ③【名】共享单车

③ 地下鉄 ⓪【名】地铁

④ 乗り換える ④【他下一】换车，换乘

⑤ 改札口 ④【名】检票口

⑥ チャージ ①【名・他サ】充值

⑦ ファミリーレストラン ⑤【名】家庭餐馆

⑧ キオスク（キヨスク）②【名】小卖部

⑨ チェーン店 ①【名】（チェーンストア ⑤）连锁店

⑩ 居酒屋 ⓪【名】酒馆，小酒吧

文法解説

1 ～（よ）うとする／想要……

接续： 动词推量形＋（よ）うとする（五段动词推量形后接「う」，其他动词推量形后接「よう」）

解说： 表示想要做某事并正在努力。相当于汉语的"想要……"。

◆ 人々の仕事や生活をより良くしようとすることこそが彼らの発明の本当の目的だったのでしょう。／让人们的工作和生活变得更好，才是他们发明的真正目的吧。

◆ 最近、郊外に家を買おうとする人が多くなってきた。／最近想在郊区购房的人多起来了。

◆ もうすぐ8時ですが、李さんはまだ起きようとしません。／都快8点钟了，小李还不肯起床。

◆ 花子さんはフランス語を勉強しようとしています。／花子想要开始学习法语。

2 ～こそ／正（是）……，才（是）……

接续： 体言等＋こそ

解说： 「こそ」是副助词，接续方式比较宽泛，除名词外，还可以接动词连用形、「て」「ば」等助词后，表示对前面的用言或体言加以强调的语气。有时可以译为"正（是）……""才（是）……"。

◆ 発明の世界では、このような人こそが、偉大な発明をすると言われています。／在发明领域，据说只有这样的人才能做出伟大的发明。

◆ 若者よ、今こそ旅に出よう。／年轻的朋友们，现在就踏上旅途吧！

◆ 毎日の努力こそが成功の理由だ。／每天的努力才是成功的原因。

◆ この美術館があればこそ、多くの観光客が訪れるのだ。／正因为有这个美术馆，才会有这么多观光客。

◆ 一生懸命に自分で調べてこそ、理解が深まるはずです。／只有自己去调查才能加深理解。

3　〜ずつ／毎……，各……

接续：数量词、副词＋ずつ

解说：「ずつ」是副助词，接在数量词或副词后，表示数量均等的状态或按同等数量、比例进行反复。相当于汉语的"每……""各……"。

> ◆ 知らない人と会話したり、料理を交換したり、少しずつ友達が増えていくのも楽しそうだよね。／我和不认识的人聊天、分享美食，新朋友一点点地增加，好像也很开心。
>
> ◆ 毎朝1本ずつ牛乳を飲む。／每天早晨喝一瓶牛奶。
>
> ◆ この道はとても狭いので、一人ずつ通って下さい。／这条路太窄了，请一一通过。
>
> ◆ 机と椅子を三つずつ用意する。／分别准备三张桌子和三把椅子。

4　〜てはいられない／不能……

接续：动词第二连用形＋てはいられない

解说：表示由于某种情况，动作主体在心情上无法控制，不能再保持原来的某种状态。相当于汉语的"不能……"。

> ◆ 私もこうしてはいられない！一人でも楽しめる何かを見つけなくちゃ！／我也不能这样下去！必须找到一个人也能享受的事情！
>
> ◆ のんびりしてはいられない。／不能这样悠闲了。
>
> ◆ これを見たら、じっとしてはいられない。／看到了这一幕，就不能这样袖手旁观了。
>
> ◆ もうこれ以上黙ってはいられない。／不能再沉默下去了。

5　〜ことに／……的是……

接续：形容词连体形、形容动词连体形、动词过去式＋ことに

解说：「こと」是形式体言，「に」是助词。「ことに」接在表示情感的形容词、形容动词或动词后，用以提前表述说话者对后项要叙述事件的感情色彩。可译为"……的是……"。多用于书面语言中。

◆ もう一つ驚いたことに、彼らは、苦労して発明したＱＲコードを無料で公開したのです。／还有一件令人吃惊的事，就是他们把自己辛苦发明的二维码免费公开了。

◆ 面白いことに、親友3人の誕生日が同じ日なんだ。／有趣的是，三个好朋友的生日都是同一天。

◆ 残念なことに、先週録画したはずの動画が撮れていなかった。／遗憾的是，本该上周录的视频却没有录上。

6 ～といっても／虽说……不过……

接续： 体言、用言终止形＋といっても

解说： 表示对前项叙述的事情所导致的结果进行限定、修正，说明事情不至于或尚未达到那种程度。可译为"虽说……不过……"。「といっても」也经常作为一个词组出现在句首。

◆ 作った詩が新聞に発表された。といっても学内の学生新聞だが。／虽说写的诗在报上发表了，可那不过是校内的学生报纸。

◆ 新しいアルバイトが見つかった。といっても、父の会社で一ヶ月間働くだけだ。／找到新的勤工俭学的工作了。其实，不过是在父亲的公司干一个月而已。

◆ 会社が変わりました。といっても名前が変わっただけですが。／公司变了。不过，只是改了名字而已。

◆ 彼と私は友達といっても、挨拶する程度だ。／他和我虽然说是朋友，（交情）也只不过是点头打招呼的程度而已。

◆ 生け花ができるといっても、ほんのお遊び程度です。／虽然说是会插花，但只是入门程度玩一玩而已。

◆ 酒は飲めないといっても、お猪口一杯くらいなら飲めるでしょう。／尽管说不能喝酒，一小盅还是没问题的吧。

関連語彙

無料⓪ ➡ 飲料③・原料③・肥料①・燃料③・調味料③

公開⓪ ➡ 公安⓪・公告⓪・公民⓪・公平⓪・主人公②

都合⓪ ➡ 会合⓪・集合⓪・合格⓪・合計⓪・合法⓪

苦労① ➡ 勤労⓪・労働⓪・労務①・功労⓪・過労⓪

練習

一 単語練習

❶ 次の単語に読み仮名を付けてください。

① 偉大だ　　② 一瞬　　　③ 企業　　④ 謝る　　　⑤ 都合

❷ 次の仮名の漢字を書いてください。

① かえって　② おおぜい　③ はやる　④ おどろく　⑤ たんじょう

二 文法練習

❶ 文章内の空欄に入るもっともふさわしい言葉を、次の①～④からそれ
ぞれ選んで書いてください。

① といっても　② こそ　③ といえば　④ と言われています

　日本人（　　）どんな人をイメージしますか。日本人（　　）色々な人がい
ます。真面目でコツコツと頑張る人もたくさんいます。発明の世界では、こ
のような人（　　）が、偉大な発明をする（　　）。

❷ 次の（　　）に入る助詞を書いてください。

① 驚いたこと（　　）、多くの苦労を経て1年半という短い期間で、たくさん
　のデータ（　　）一瞬で読み取ることができるQRコード（　　）誕生させ
　ました。

②「QRコード」は誰（　　）が一度は使ったことがあるでしょう。

③ 日本のある企業が、より多くのデータを速く処理できる新しい技術を作る
　こと（　　）しました。

④ みんなは週末何をしてた（　　）？

⑤ 一人キャンプのことだよ。今、日本では流行ってるんだ（　　）。

三　文型練習

❶ ＿＿＿＿＿＿＿＿＿＿＿＿＿＿＿＿＿＿＿なくてもいい。

 a. まだ時間があるので、急ぐ

 b. 風邪が治った[1]ので、明日は学校[2]を休む

 c. 高ければ、買う

❷ ＿＿＿＿＿＿＿＿＿＿＿＿＿＿＿＿（よ）うとする／している。

 a. 赤ちゃんが立ち上がる

 b. 彼は日本で就職[3]する

 c. 今、一匹[4]の犬が道を渡る[5]

❸ ＿＿＿＿＿＿＿＿＿こそ、＿＿＿＿＿＿＿＿＿。

 a. 今度　　　　　勝ち[6]たい

 b. 今年　　　　　大学に入れるよう、勉強します

 c. 話すこと　　　外国語[7]の一番の練習方法だ

❹ ＿＿＿＿＿＿＿＿ずつ＿＿＿＿＿＿＿＿。

 a. 一つ　　　　　やっていこう

 b. 今から、一人　　名前を呼ぶ

 c. 毎日、少し　　日本語を読む練習をしている

❺ _____てはいられない。

　a. 明日テストがあるから、のんびり⁸する

　b. もうこれ以上待つ

　c. 友達がいじめられていたら、黙る⁹

❻ _____ことに、_____。

　a. 悔しい¹⁰　　　1点の差¹¹で試合¹²に負けて¹³しまった

　b. 嬉しい¹⁴　　　来年¹⁵からこの会社で働ける¹⁶ことになった

　c. 驚いた　　　彼は東京大学に入った

❼ _____といっても、_____。

　a. 時間がない　　　自分の仕事は自分でやってください

　b. 古い　　　まだ使える

　c. 頭が痛い¹⁷　　　病院¹⁸に行くほどではない

（単語）

1 治る（直る）②【自五】治好，痊愈
2 学校⓪【名】学校
3 就職⓪【名・自サ】就职，就业
4 一匹④【名】一只，一条，一尾
5 渡る⓪【自五】渡，过
6 勝つ①【自五】胜，赢
7 外国語⓪【名】外国语，外文
8 のんびり③【副】无忧无虑，自由自在
9 黙る②【自五】沉默

10 悔しい③【形】令人懊悔的；不甘心的
11 差⓪【名】差别，差异
12 試合⓪【名・自サ】比赛
13 負ける⓪【自一】输，负，败
14 嬉しい③【形】高兴的，喜悦的
15 来年⓪【名】来年，明年
16 働く⓪【自五】工作，劳动
17 痛い②【形】痛的，疼的
18 病院⓪【名】医院

四　　質問練習

以下の質問に日本語で答えてください。

① この課を勉強する前は、QRコードが日本人の発明だと知っていましたか。

② あなたがQRコードを発明したら、これを無料で公開しますか。

③ あなたはソロキャンプに行きたいですか。それはなぜですか。

④ 日本のアニメといっても色々ありますが、あなたはどんな作品を見たことが
ありますか。

⑤ 捨て[1]ようとしたのに、捨てられなかったものはありますか。

単語

[1] 捨てる⓪【他一】扔掉，抛弃

五　　読解練習

好奇心[1]と挑戦[2]

　「知りたい」とか「やってみたい」という好奇心が、学問[3]を学んだり、新
しいことを経験[4]したりすることを支える[5]原動力[6]である。そもそも好奇心
というものは、人間にとって本能[7]みたいなもので、年齢[8]や性別[9]と関係な
く、誰でも多少[10]は持っているものだろう。例えば絵を描いてみるとか、
外国語を学ぶとか、新しい料理にチャレンジ[11]するとか、人間には様々な
挑戦がある。

　もちろん、始めてみるとすぐにうまくいく人もいるが、残念[12]なこと
に、自分の期待通りにいかない人のほうが多いようだ。描いた絵があまり
似て[13]いないとか、外国語の発音がおかしい[14]とか、作った料理が美味し
くないとか、挑戦に失敗[15]してしまうことがよく見られる。

　さらに[16]、周りの人に「それを学んでどうするの？」などと聞かれると、
「やっぱり時間の無駄[17]だ」とか「駄目[18]だから二度としない」などと思っ
て、諦めて[19]しまいがちである。

　新しい挑戦には、疑問[20]よりも応援[21]がほしいものだ。

次のことについて考えてみてください。

① 「好奇心というものは、人間にとって本能みたいなもの」だと作者は言っていますが、これはどんな意味ですか。また、あなたはこの考えに賛成[22]しますか。

② あなたは、自分の専攻以外で、何かを学んだり、経験したりしたことがありますか。その時の感想[23]を述べて[24]ください。

③ これから何を学んだり経験したりしたいですか。それはなぜですか。

┌─ 単語 ─────────────────────────────────────┐

1 好奇心③【名】好奇心

2 挑戦⓪【名・自サ】挑战

3 学問②【名】学问，学识

4 経験⓪【名・他サ】经验；经历

5 支える⓪【他一】支撑

6 原動力③【名】动力，原动力

7 本能①【名】本能

8 年齢⓪【名】年龄

9 性別⓪【名】性别

10 多少⓪【名・副】多少，些许

11 チャレンジ②【名・自サ】挑战；参赛

12 残念だ③【形動】遗憾

13 似る⓪【自一】像，似

14 可笑しい③【形】可笑的，滑稽的

15 失敗⓪【名・自サ】失败

16 更に①【副】更，更加；再，重新

17 無駄⓪【名・形動】徒劳，白费

18 駄目だ②【形動】不行，不可以

19 諦める④【他一】放弃，断念

20 疑問⓪【名】疑问

21 応援⓪【名・他サ】支持，帮助

22 賛成⓪【名・自サ】赞成，赞同

23 感想⓪【名】感想

24 述べる②【他一】说明，陈述

└───────────────────────────────────────┘

六　聴解練習 🔊

❶ 次の会話を聞いて質問に答えてください。

質問：女性はインスタントラーメンをどのくらいの頻度で食べますか。

① 一日一回は必ず食べます

② 一週間に一回は食べます

③ 一週間に何度も食べます

④ 料理をしたくない時はいつも食べます

┌─ 単語 ─────────────────────────────────────┐

1 インスタントラーメン⑦【名】方便面

2 週①【名】周，星期

3 電気炊飯器⑥【名】电饭锅，电饭煲

4 カラオケ⓪【名】卡拉OK

5 自動改札機⑦【名】自动检票机

6 頻度①【名】频率

└───────────────────────────────────────┘

❷ 次の文を聞いて質問に答えてください。

質問：「お一人様」とはどんな人ですか。

① 流行が好きな人　　　② 一人で行動しても平気な人

③ 我がままな人　　　　④ 友達がいない人

単語

1　〜様【接尾】……先生；……女士

2　流行⓪【名・自サ】流行

3　グループ②【名】组，团队；群体

4　利用⓪【名・他サ】利用

5　精神①【名】精神

6　自立⓪【名・自サ】自立，独立

7　焼肉⓪【名】烤肉

8　他人⓪【名】他人，别人

9　平気⓪【名・形動】镇定，冷静；无动于衷

10　我がままだ③【名・形動】任性，放肆

日本的发明

日本文化一直在有形无形中影响着我们的生活。其中，很多日本的发明已经与我们的生活融为一体，为生活提供了便利。

世界上第一台成熟的家用电饭煲是在1955年由日本光伸社发明、东芝公司制造的。最初电饭煲的功能十分简单，仅通过一个按键来操作。比起之前用灶台生火煮饭，它的出现大幅减少了人们的做饭时间。而且因为其无明火、方便、卫生、安全的特点，电饭煲迅速在当时的日本打开销路。随着时代的发展，电饭煲不断进行更新换代，品质逐渐提升，功能也越来越丰富，如今，有许多外国人前往日本旅游时还会买电饭煲当作特产。

我们餐桌上另一个不可缺少的调料——味精，其主要成分为"谷氨酸一钠"，是1908年由日本东京帝国大学的教授池田菊苗发现的，他从海带汤中提取出"鲜味物质"谷氨酸一钠，并为生产以其为主要成分的调味品的方法申请了专利。这一调味品后来被取名为"味之素"。"味之素"传入中国后被称为"味精"。

除了餐桌上的发明之外，我们日常生活中经常出现的卡拉OK等，也是来自日本的发明。我们手机中发信息时广泛运用的Emoji也源于日语的「絵文字」，是1999年栗田穰崇设计并创造的，Emoji诞生后，各大运营商都开始将其加入自己的短信业务中，很快风靡日本，美国手机制造公司的推动使Emoji传遍全球。在移动支付迅猛发展的今天，我们生活中常见的二维码（QRコード）也来源于日本。日本的工程师原昌宏解决了当时条形码数据容量小、尺寸较大、遭到损坏后不能阅读等弊端，设计出了四角形图案的二维码，并将其公开，让更多人使用。

这些日常的日本发明改变了我们的生活方式，在使用这些发明时，不妨思考一下是否有更加便利的方法？说不定下一个风靡世界的发明就由此产生。

课文会话译文

第4课 二维码

课文

　　说到日本人,你会联想到什么样的人?日本人虽说也有各种各样的,那种认真、孜孜不倦努力的人也有很多。在发明领域,据说只有这样的人才能做出伟大的发明。

　　二维码,想必大家都使用过。二维码发明之前,人们用"条形码"读取数据。但是,条形码能够读取的信息并不多。因此,日本的一家企业决定创造能快速处理更多数据的新技术。

　　这个项目开始只有两个人参与。令人惊讶的是,经过很多艰辛的努力,在短短一年半的时间内,能够瞬间读取大量数据的二维码就诞生了。

　　还有一件令人吃惊的事,就是他们把自己辛苦发明的二维码免费公开了。得益于此,现在二维码被广泛应用于各种场合,为世界各地的人们提供了便利。让人们的工作和生活变得更好,才是他们发明的真正目的吧。

会话

登场人物:

山口武(男),樱花国际大学的日本学生

松本安奈(女),樱花国际大学的日本学生

罗玉霞(女),樱花国际大学的中国留学生

◆午休时间。(三人)谈着周末发生的事。

　　罗:大家周末都做什么了?

山口:我去单身野营了。

　　罗:单身野营?

松本:就是说一个人野营。在日本很流行。

　　罗:啊!一个人野营?说到野营,我还以为一定要一大群人去呢。

山口：当然很多人一起去野营也很开心，但是一个人去野营也很开心。

罗：你一个人在山上睡觉吧？不寂寞吗？

山口：虽说是单身野营，但我在那里结识了朋友，所以并不寂寞。

松本：我和不认识的人聊天、分享美食，新朋友一点点地增加，好像也很开心。

山口：最近不仅是野营，还有去游乐园、海外旅行等等，以前认为一个人（做）不会快乐的事情，现在有越来越多的人享受独自做这些事情。

松本：有时候一个人反而更方便。比如，和朋友假期时间凑不到一起的时候，不必就着别人的时间，自己想去的时候就可以去。孤身一人，听起来好像很寂寞，但是也可以说有时反而正因为是一个人，才能创造出快乐的时光。

罗：原来日本人这么喜欢独处啊。我也不能这样下去！必须找到一个人也能享受的事情！

第5課　日本語の相槌

　日本人は会話中によく相槌を打つ。日本語にしろ何語にしろ、相槌は会話の潤滑油のようなもので、会話の進行において大きな役割を果たしている。相槌は話の聞き手がする行動であり、話し手の話に反応を示すことによって会話が進むのであるから、相槌は聞く能力と深く関係しているとも言える。

　会話において、話し手は聞き手の相槌があれば、自分の話が理解されていると判断し、話し続けることができる。相槌がなければ、話し手は不安になってしまう。

　日本人同士の会話において、「聞き上手」であるかどうかは非常に重要である。日本では、営業マンは、聞き上手であればあるほどよいと言われている。客にたくさんしゃべらせて、会話中のよいタイミングで、「ええ、ええ」や、「へえ」や、「なるほ

ど」など適切な相槌を打ち、最後は客から商品についての質問を
されるのが良い営業マンだと言われる。

　せっかく日本語を勉強する以上は、日本語らしい日本語を身
に付け、相槌も上手くなるといいだろう。

新しい単語

❶ 相槌 ⓪	【名】	echo, chime in with	附和
❷ 打つ ①	【他五】	hit	打，击
❸ 潤滑油 ④	【名】	lubricant	润滑油
❹ 進行 ⓪	【名・自サ】	progress; move	进展，进行；行进
❺ 役割 ⓪	【名】	part, role	任务，角色，职务
❻ 果たす ②	【他五】	accomplish	完成，实现
❼ 聞き手 ⓪	【名】	listener	听者，听众
❽ 話し手 ⓪	【名】	speaker	说者，说话人
❾ 反応 ⓪	【名・自サ】	response	反应
❿ 示す ②	【他五】	show	出示，表示
⓫ 能力 ①	【名】	ability	能力
⓬ 深い ②	【形】	deep	深；浓厚
⓭ 理解 ①	【名・他サ】	understanding	理解，了解；体谅
⓮ 判断 ①	【名・他サ】	judge	判断
⓯ 不安 ⓪	【名・形動】	worry	不安，不放心
⓰ 同士 ①	【名】	fellow	同伴，伙伴；彼此，们
⓱ 聞き上手 ③	【名】	good listener	善于听别人讲话
⓲ 非常 ⓪	【名・形動】	very; emergency	非常，特别；紧急
⓳ 重要 ⓪	【名・形動】	important	重要，要紧
⓴ 営業 ⓪	【名・自サ】	sales, business	营业，经商
㉑ ～マン ①	【接尾】	-man, -ist, -er	……员，……家，……人

㉒	客 ⓪	【名】	customer; guest	顾客；客人
㉓	喋る ②	【自他五】	talk	说，讲；侃大山
㉔	タイミング ⓪	【名】	timing	时机
㉕	ええ ①	【感】	yes	哎，嗯
㉖	へえ ⓪	【感】	oh, well	啊，哎，哎呀
㉗	適切 ⓪	【名・形动】	appropriate	适当，恰当
㉘	最後 ①	【名】	end, last	最后，最终，最末
㉙	折角 ⓪	【名・副】	specially	特意，好不容易
㉚	身に付ける ⓪+②	【组】	acquire	掌握，学到（知识等）

会話

登場人物（とうじょうじんぶつ）

梁 超（男）、桜 国際大学の 中国人 留学生
（りょうちょう おとこ）（さくらこくさいだいがく）（ちゅうごくじんりゅうがくせい）

宋菲菲（女）、桜 国際大学の 中国人 留学生
（そうひひ おんな）（さくらこくさいだいがく）（ちゅうごくじんりゅうがくせい）

井上弘樹（男）、桜 国際大学の日本人学生
（いのうえひろき おとこ）（さくらこくさいだいがく）（にほんじんがくせい）

◆3人で日本語の授業の復習をしている。
（さんにん にほんご じゅぎょう ふくしゅう）

梁：この間、コンビニでアルバイト中に、店長に「パソコン
を立ち上げておいて」と言われ
たんだ。だから僕は、パソコン
を高く持って、店長が来るの
を待っていたら、店長に笑わ
れてしまって…。

井上：ああ、「立ち上げる」というのは、「パソコンを起動す
る」という意味だよ。

宋：「立ち上げる」は、「持ち上げて立つ」という意味じゃないの?

井上：この単語は、二つの動詞の意味をただ繋げればいいという
わけではないんだよ。

梁：なんだ、そうだったのか…。「立ち上げる」は簡単そうな
言葉なのに、実は他の意味があるのか…。はあ…、まだま
だ覚えることがたくさんありそうだ。

井上：そんなにがっかりすることはないさ。これから一緒に勉強
していこうよ!

新しい単語

❶ この間 ⓪	【名】	recently	最近，前几天，前些时候
❷ 店長 ①	【名】	store manager	店长
❸ パソコン ⓪	【名】	personal computer	个人电脑（「パーソナルコンピュータ⑧」的简称）
❹ 立ち上げる ⓪	【他一】	boot; launch	（电脑、程序）启动；成立，设立
❺ だから ①	【接】	so, therefore	因此，所以
❻ 笑う ⓪	【自他五】	laugh	笑；嘲笑
❼ ああ ①	【副・感】	ah	啊，是，嗯
❽ 起動 ⓪	【名・他サ】	start	启动，开动
❾ 持ち上げる ⓪	【他一】	lift; flatter	举起，拿起；奉承
❿ 単語 ⓪	【名】	word	单词
⓫ ただ ①	【名・副】	only; free	唯，仅；免费
⓬ 繋げる ⓪	【他一】	connect	系，拴，连接
⓭ がっかり ③	【副・自サ】	be disappointed	灰心，丧气，失望

覚えましょう

❶ 大使館 ③【名】大使馆
❷ 領事館 ③【名】领事馆
❸ パスポート ③【名】护照
❹ ビザ ①【名】签证
❺ 語学能力 ④【名】语言能力

❻ 申請 ⓪【名】申请
❼ 手続 ②【名】手续
❽ 志望 ⓪【名】志愿
❾ 動機 ⓪【名】动机
❿ 管理 ①【名】管理

文法解説

1 ～において／在……，在……方面

接续：体言＋において

解说：表示场所、领域、范围或时间点。可译为"在……""在……方面"
"在……的时候"。用于书面语言中，根据文章内容的需要，有时也使用
「～においては」「～においても」的形式。在句型中，多以假名形式出现。

◆ 日本人同士の会話において、「聞き上手」であるかどうかは非常に重要であ
る。／在日本人之间的对话中，"善于倾听"是非常重要的。

◆ 価格は言うまでもなく、品質においても自慢できるものです。／价格自不待
言，在质量上也是让我们引以为荣之物品。

◆ 非常事態においては、迅速な判断が要求される。／在紧急时刻，要求做出迅
速判断。

◆ 原子物理の分野において、彼の右に出る者はいない。／在原子物理领域，无出
其右者。

2 ～にしろ～にしろ／无论……还是……，都……

接续：体言、用言连体形（形容动词词干）＋にしろ＋体言、用言连体形（形容
动词词干）＋にしろ

解说：表示提出有代表性或截然相反的两种情况，而无论哪种情况，都包括在
后项的结论之中。可译为"无论……还是……，都……""无论……都
……"。「に」是助词，后接动词「する」。「しろ」是「する」的命令形。类
似的句型有「～にせよ、～にせよ」。

◆ 日本語にしろ何語にしろ、相槌は会話の潤滑油のようなもので、会話の進行に
おいて大きな役割を果たしている。／无论是日语还是其他语言，附和就像是对
话的润滑剂，在对话的进行中起着很大的作用。

◆ 英語にしろ、日本語にしろ、話さなければ会話の進歩は望めない。／不管英语
还是日语，如果不说，口语就无望提高。

◆ 行くにしろ行かないにしろ、返事を出しなさい。／不管去还是不去，请给个回信。

◆ この川が浅いにしろ、深いにしろ、魚がいなければ釣りようがないだろう。／这条河，无论水深也好水浅也好，如果没有鱼就没法垂钓吧。

3 ～以上（は）／既然……就……

接续： 动词连体形、动词过去式＋以上(は)

解说： 表示既定的前提，后项多为表示决心、要求、希望等表达方式。相当于汉语的"既然……就……"。

◆ せっかく日本語を勉強する以上は、日本語らしい日本語を身に付け、相槌も上手くなるといいだろう。／既然好不容易学了日语，大家就要努力掌握地道的日语，也要学好对话中的随声附和。

◆ やることになった以上、やはりがんばらなくては。／既然要干，就得好好干。

◆ 約束した以上、守らなければならない。／既然有约，就得遵守。

◆ 日本語を専門として選んだ以上、一生懸命勉強しなければなりません。／既然选择日语作为专业，就必须好好学习。

4 ～ことはない／不会……，不能……

接续： 动词连体形＋ことはない

解说： 表示前项所述情况不会发生或没有必要去做。用于表达自身的判断或劝解别人。可译为"不会……""不能……""不必……"。「ことが(は)ない」接在动词过去式后面时，则表示不曾做过某事。

◆ そんなにがっかりすることはないさ。／不用那么泄气。

◆ あの流れ星は、二度と地球に戻ってくることはない。／那颗流星不会再次返回到地球上来的。

◆ あなたがどんなに嘆いても、死んだ人はもう生き返ることはない。／无论你多么悲伤，死去的人都不会再复生的。

◆ どうせ遅刻なんだ。そんなに急ぐことはないよ。／反正也是迟到了，没必要那么着急了。

◆ いくら可笑しいからといって、そんなに笑うことはないだろう。／无论多么可笑，也不必笑成那样吧。

5　～といい／……即可，……就好了

接续： 用言终止形＋といい

解説： 由助词「と」和形容词「いい」构成，表示说话人的愿望或期盼以及对他人的劝告、放任。可译为"……即可""……就好了"。类似的表达有「～ばいい」。

◆ せっかく日本語を勉強する以上は、日本語らしい日本語を身に付け、相槌も上手くなるといいだろう。／既然好不容易学了日语，大家就要努力掌握地道的日语，也要学好对话中的随声附和。

◆ お酒はほどほどに飲むといい。／酒还是要适量地喝才好。

◆ 私のことを疑いたければ疑うと良い。／若想怀疑我，那就去怀疑好了。

◆ 疲れたら、少し寝るといい。／如果累了，就稍稍睡一会儿吧。

◆ 机がもっと大きいといいんだけど。／桌子如果再大一些就好了。

◆ 彼はもう少し勤勉だといいけど。／他如果能再勤奋一些就好了。

関連語彙

同士①　➡　同様⓪・同情⓪・同意⓪・同感⓪・合同⓪

最後①　➡　最大⓪・最小⓪・最終⓪・最低⓪・最恵国③

理解①　➡　解説⓪・解雇①・解散⓪・解決⓪・誤解⓪

非常⓪　➡　常態⓪・常識⓪・正常⓪・通常⓪・異常⓪

練習

一　単語練習

❶ 次の単語に読み仮名を付けてください。

① 相槌　　② 営業　　③ 単語　　④ 起動　　⑤ 判断

❷ 次の仮名の漢字を書いてください。

① はんのう　② ひじょう　③ どうし　④ さいご　⑤ やくわり

二　文法練習

❶ 文章内の空欄に入るもっともふさわしい言葉を、次の①～⑤からそれぞれ選んで書いてください（同じものを２回つかってもよい）。

① から　② において　③ ことによって　④ ような　⑤ にしろ

　　日本人は会話中によく相槌を打つ。日本語（　　）何語（　　）、相槌は会話の潤滑油の（　　）もので、会話の進行（　　）大きな役割を果たしている。相槌は話の聞き手がする行動であり、話し手の話に反応を示す（　　）会話が進むのである（　　）、相槌は聞く能力と深く関係しているとも言える。

❷ 次の（　　）に入る助詞を書いてください。

① 会話において、話し手は聞き手の相槌があれば、自分の話（　　）理解されていると判断し、話し続けることができる。

② 相槌がなければ、話し手は不安（　　）なってしまう。

③ 客（　　）たくさんしゃべらせて、会話中のよいタイミング（　　）、「ええ、ええ」や、「へえ」や、「なるほど」など適切な相槌を打ち、最後は客から商品についての質問をされるのが良い営業マンだと言われる。

④ この間、コンビニでアルバイト中（　　）、店長に「パソコンを立ち上げておいて」と言われたんだ。

⑤ そんなにがっかりすること（　　）ないさ。これから一緒に勉強していこうよ！

三　文型練習

❶ ＿＿＿＿＿＿＿＿＿＿＿において＿＿＿＿＿＿＿＿＿。

> a. 人生　　　　　　　　　　　　もっとも大切なものは何だろうか

> b. 2022年の冬季[1]オリンピック[2]は北京　　　　行われた

> c. 現在[3]の日本　　　　　　　　少子高齢化[4]は深刻な問題だ

❷ ＿＿＿＿＿＿＿＿にしろ、＿＿＿＿＿＿＿にしろ、＿＿＿＿＿＿＿。

> a. 賛成する　　　　反対する　　　早く決めた[5]ほうがいい

> b. 安い　　　　　　高い　　　　　必ず値段を教えてください

> c. 遊園地　　　　　水族館[6]　　　休日[7]はどこも混んでいる

❸ ＿＿＿＿＿＿＿＿＿以上（は）、＿＿＿＿＿＿＿＿＿＿。

> a. やると決めた　　　　最後まで頑張らなければならない

> b. この学校に入った　　ルール[8]を守らなければならない

> c. 学生である　　　　　勉強が一番重要だ

❹ ＿＿＿＿＿＿＿＿＿＿＿＿＿＿＿＿＿＿＿＿ことはない。

> a. こんなことに驚く

> b. 絶対合格できるから、心配する

> c. まだ時間があるから、急ぐ

⑤ _____ といい。

a. またいつか会える

b. 私のプレゼントを喜んでくれる

c. 来週のパーティーに参加⁹できる

⑥ _____ わけではない。

a. 山田さんのことが嫌い¹⁰だ

b. 料理をすることが好きだが、上手だ

c. 明日は休みだが、暇だ¹¹

（単語）

1 冬季①【名】冬季

2 オリンピック④【名】奥运会

3 現在①【名】现在，目前

4 少子高齢化①+⓪【名】少子老龄化

5 決める⓪【他一】定，决定

6 水族館③【名】水族馆

7 休日⓪【名】休息日，假日

8 ルール①【名】规则

9 参加⓪【名·自サ】参加，加入

10 嫌いだ⓪【形動】厌烦，厌恶；倾向

11 暇だ⓪【形動】闲，闲暇

四　質問練習

以下の質問に日本語で答えてください。

① あなたはよく相槌を打ちますか。

② 日本語のどんな相槌をよく使いますか。

③ 日本語を話す時と中国語を話す時では、どこが違いますか。

④ あなたの周りに「聞き上手」な人はいますか。

⑤ 遅刻することを相手に連絡した後は「連絡したのだから無理に急ぐことはない」と考えますか？それとも¹、やはり急いで行きますか。

（単語）

1 それとも③【接】或者，还是

五　**読解練習**

> 京劇[1]の国際[2]化
>
> 　京劇は中国文化の真髄[3]の一つだと言われている。外国人[4]が北京を訪れ
> ると、京劇や中国雑技[5]の鑑賞[6]、万里の長城[7]と故宮[8]の見学[9]、さらに北京
> ダック[10]を食べることが、もはや[11]定番[12]のようになっている。
>
> 　京劇は「生、旦、浄、丑」と、主に四つのキャラクター[13]で人生の喜
> 怒哀楽[14]を演じるもので、演目[15]も『西遊記』[16]や『水滸伝』[17]、『三国志』
> [18]などの内容が多く、外国人にはどれもこれも[19]難しいものだろう。しか
> し、京劇の「中国らしさ」は外国人にとっては魅力的[20]であって、ファンも
> 少なくない。外国人のファンの中には、実際[21]に京劇の楽器[22]を演奏[23]し
> たり、その衣装[24]を着て演技[25]したりする人もいる。もちろん、それは簡
> 単なことではない。中国人でも練習しない限り上手く演じられないのだか
> ら、まして[26]外国人にとっては非常に難しいことだろう。しかし、シェー
> クスピア[27]の作品を中国人もうまく演じられるように、京劇の上手な外国
> 人がいたとしても不思議ではない。
>
> 　金髪[28]碧眼[29]の諸葛孔明[30]は、想像するだけで吹き出し[31]そうになる。

次のことについて考えてみてください。

① あなたは京劇が好きですか、その理由を三つ挙げてください。

②「金髪碧眼の諸葛孔明は、想像するだけで吹き出しそうになる」と作者は言っ
　ていますが、それはなぜですか。

③ 中国の伝統文化をより多くの外国人に理解してもらうためには、何が必要で
　すか。

（単語）

1 京劇⓪【名】京剧
きょうげき

2 国際 ⓪【名】国际
こくさい

3 真髄⓪【名】精髓，精华
しんずい

4 外国人 ④【名】外国人
がいこくじん

5 雑技①【名】杂技
ざつぎ

6 鑑賞 ⓪【名・他サ】鉴赏，欣赏
かんしょう

7 万里の長城 ①+③【名】万里长城
ばんり　ちょうじょう

8 故宮 ①【名】故宫
こきゅう

（单语）

9　見学⓪【名・他サ】参观学习

10　北京ダック④【名】北京烤鸭

11　もはや①【副】(事到如今)已经

12　定番⓪【名】常规，固定

13　キャラクター①【名】角色

14　喜怒哀楽①【名】喜怒哀乐

15　演目⓪【名】演出节目

16　『西遊記』③【名】(书名)《西游记》

17　『水滸伝』③【名】(书名)《水浒传》

18　『三国志』④【名】(书名)《三国志》

19　どれもこれも④【组】哪一个都，哪个也

20　魅力的だ⓪【形动】富有魅力的

21　実際⓪【名・副】实际，的确

22　楽器⓪【名】乐器

23　演奏⓪【名・他サ】演奏

24　衣裳①【名】衣服，演出的服装

25　演技①【名・他サ】演出，表演

26　まして①【副】何况

27　シェークスピア⑤【名】(人名)莎士比亚

28　金髪⓪【名】金发

29　碧眼⓪【名】蓝眼睛

30　諸葛孔明⑤【名】诸葛亮

31　吹き出す③【自他五】笑出来，笑喷了；喷出

六　聴解練習 ◀))

❶ 次の会話を聞いて質問に答えてください。

質問：田中さんは佐藤さんをどんな人だと言っていますか。

① 佐藤さんのお母さんに似てよくしゃべる

② 営業マンだから話し上手だ

③ よく相槌を打ってくれるのでしゃべりやすい

④ 悩み事をよく聞いてくれる

（单语）

1　似る⓪【自一】像，似

2　悩み事⓪【名】烦恼；心事

❷ 次の文を聞いて質問に答えてください。

質問：日本語が上手になるにはどうしたらよいですか。

① 日本人の日本語を真似する　　②学校で日本人の先生に教えてもらう

③ 言い間違えないようにする　　④なるべく間違えるようにする

（单语）

1　母語話者③【名】母语者

2　真似⓪【名】模仿；(愚蠢的)举止

3　学校⓪【名】学校

4　間違える④【他一】弄错，搞错

5　恐れる③【自一】害怕，恐惧

日本红白歌会

红白歌会在日语里又简称"红白"，是日本广播协会（NHK）每年在日本除夕夜（12月31日）举办的音乐节目"NHK红白歌合战"的简称。红白歌会开始于1951年，"红白"来源于日本剑道中红白对抗的概念，将男女歌手分成白组和红组，进行歌曲对抗赛。全家人围在电视机前一起看红白歌会，是日本人常见的过年画面。据统计，最高峰时期全日本大约有80%的人同时收看这一节目，其影响力可以算得上是日本的"春晚"。

红白歌会的演出人员由四个部分组成：主持人、表演者、嘉宾评审员和其他出场人员。每年红白歌会的演出人员都是热门的讨论话题，一般官方会在10月下旬至11月上旬左右发布表演者及主持人名单。主持人一般有三人，分别担任"红组主持""白组主持"和"综合主持"。与表演者的分组相同，红组主持除了少数例外，一般均由女性担任，白组主持则由男性担任，而综合主持通常为NHK的主持人。出演的歌手或组合一般都在当年发行过热门歌曲。因此，某种程度上红白歌会是日本流行音乐的风向标，对歌手来说则是荣誉与肯定。

除主持人和表演者以外，嘉宾评审员也发挥着重要作用。节目组通常会邀请约10位本年度有代表性的名人（包括来自演艺界、体育界、音乐界、文化界、媒体界的人士等等）作为本届嘉宾评审员，在演出结束时要对表演进行评审，还要在两个表演节目之间与主持人进行互动。最后的胜负由会场内的嘉宾评审员、场内观众以及场外使用双向电视播放系统或手机的观众投票决定。红白歌会的对抗形式更像是一种娱乐，而并非强调竞争。

随着互联网的发展和视听技术的提高，电视节目也面临新的挑战，红白歌会这样受到日本人欢迎的传统节目，在未来应该也会发生新的变化吧。

课文会话译文

第5课 日语的随声附和

课文

　　日本人在对话中经常随声附和。无论是日语还是其他语言，附和就像是对话的润滑剂，在对话的进行中起着很大的作用。随声附和是听者的行为，通过对说话人的话做出反应来推进对话，因此可以说随声附和与倾听能力有着密切的关系。

　　在对话中，说话人如果得到听者的附和，就会认为听者理解了自己的话，从而可以继续说下去。如果没有附和，说话者就会感到不安。

　　在日本人之间的对话中，"善于倾听"是非常重要的。在日本，销售员越善于倾听越好。让顾客多说些话，在对话的恰当时机，适当地附和"嗯""哦""原来如此"，最后让顾客提出关于商品的问题，这才是好的销售员。

　　既然好不容易学了日语，大家就要努力掌握地道的日语，也要学好对话中的随声附和。

会话

登场人物：

梁超（男），樱花国际大学的中国留学生

宋菲菲（女），樱花国际大学的中国留学生

井上弘树（男），樱花国际大学的日本学生

◆三个人在复习日语课

梁：前几天，我在便利店打工的时候，店长让我"把电脑弄起来"。所以我就高高举起电脑，等着店长来，结果被店长笑话了……

井上：啊，「立ち上げる」是"启动电脑"的意思。

宋：「立ち上げる」不是"举起来，站起来"的意思吗？

井上：这个词并不是把两个动词（「立つ」和「上げる」）的意思叠加在一起就可以了。

梁：什么啊，原来是这样啊。「立ち上げる」虽然是看似简单的词，其实却有别的意思啊。啊，看来还有很多要学的东西。

井上：不用那么泄气。以后一起学习吧！

第6課 新しい世代

学習目標

① 能够解释某种新兴的社会现象。
② 能用日语转述他人的愿望或志向。
③ 理解代际间的文化差异及交际策略。

文法项目

❶ ～とは限らない
❷ ～を～にする
❸ ～と共に
❹ ～さえ
❺ ～一方だ
❻ ～たがる
❼ ～てみせる

本文

　近年「Ｚ世代」という言葉がマーケティングの世界を中心に注目されています。Ｚ世代とは、日本では１９９０年代後半から2010年頃に生まれた世代のことです。Ｚ世代は、デジタルネイティブであり、ＳＮＳネイティブでもあり、更にはスマホネイティブでもあります。Ｚ世代以前の世代もデジタルネイティブではありますが、Ｚ世代ならではの特徴としては、生まれた時にはもうインターネットやデジタル機器が身近にあったということです。Ｚ世代の全ての人がデジタルに強いとは限りませんが、他の世代よりも新しいテクノロジーに対して抵抗がないようです。

　Ｚ世代のもう一つの特徴は、ブランド品や高い物はあまり好まないことです。そしてテレビなどの宣伝よりも、ＳＮＳに強く影響される人が多く、お金を使う時はクーポンなどを上手く使って買い物をします。一方、自分が「価値がある」と思った物やサ

ービスにはお金を使う世代だと言われています。

　時代の流れと共に、テクノロジーも進化し、人の特徴でさえも変化し続けているのです。

新しい単語 🔊

❶	マーケティング ⓪	【名】	marketing	市场运营
❷	中心 ⓪	【名】	center	中心，当中
❸	注目 ⓪	【名・自他サ】	attention, notice	注目，注视
❹	年代 ⓪	【名】	era	年代，时代
❺	後半 ⓪	【名】	the second half	后半，后一半
❻	(〜)頃 ①	【名】	around	时候，时期，……前后
❼	デジタル ①	【名】	digital	数字，数码
❽	ネイティブ ①	【名】	native	本地人；母语者
❾	更に ①	【副】	further; again	更，更加；再，重新
❿	〜ならでは ①	【接】	only	只有……，唯有……
⓫	機器 ①	【名】	instrument	机器，器具
⓬	身近 ⓪	【名・形動】	close	身边，近旁；切身
⓭	限る ②	【他五】	limit; best	限，限定；最好，顶好
⓮	抵抗 ⓪	【名・他サ】	resistance	抵触；抵抗，反抗
⓯	ブランド ⓪	【名】	brand	品牌，商标
⓰	テレビ ①	【名】	television	电视(机)
⓱	お金 ⓪	【名】	money	钱，货币
⓲	クーポン ①	【名】	coupon	优惠券；通票
⓳	時代 ⓪	【名】	times	时代
⓴	流れ ③	【名】	flow	流，水流；流动，潮流
㉑	共に ⓪	【副】	together; as	一起，共同；同时
㉒	テクノロジー ③	【名】	technology	技术
㉓	進化 ①	【名・自サ】	evolution	进化

105

会話

登場人物
木村 京子（女）、母親、日本人
鄭江燕（女）、母親、中国人、日本在住
ケイト・スミス（女）、母親、アメリカ人、日本在住

◆ママ友3人で子供の夢についておしゃべり中。

木村：最近、うちの子は成績が下がる一方なのよ。

鄭：どうしたの？何か原因でもあるの？

木村：実は、うちの子、インターネットで動画を配信する人に
　　　なりたがっていて、毎日勉強もしないで動画ばかり観て
　　　いるのよ。

鄭：うちの子はプロゲーマーになりたがっているわ。

スミス：将来の夢があっていいじゃない。

鄭：ネット動画配信者もプロゲーマーも親からすると将来が
　　ちょっと心配よね…。

木村：そうなのよ。最近ネッ
　　　ト動画配信者やプロゲー
　　　マーがすごく人気が
　　　あるみたいなのよね。

スミス：でも私が観たテレビ
　　　　番組では、子供のなりたい職業の第1位は「会社員」
　　　　だったわよ。リモートワークで親が家で仕事をしている

のを見ているかららしい。

木村：そうなの？うちの子にはやっぱり会社員になってほしいな。

鄭：うちの子は、「絶対にプロゲーマーになってみせる！」って言ってるのよ…。

スミス：そんなに強い気持ちならきっとなれるわよ。プロゲーマーって賞金もすごいらしいじゃない。今から頑張ればプロになれるかもしれないわよ。

鄭：うん、夢があるのはいいことだけど、でもお金だけで職業を選ぶのは賛成できないな…。

新しい単語 🔊

❶ 子 ⓪	【名】	child	子女，孩子
❷ 下がる ②	【自五】	fall	下降，降低
❸ 原因 ⓪	【名・自サ】	cause	原因
❹ 配信 ⓪	【名・他サ】	delivery	(通过网络)发布信息、作品等
❺ プロ ①	【名】	professional	职业，专业
❻ ゲーマー ①	【名】	gamer	电脑玩家，电竞选手
❼ 夢 ②	【名】	dream	梦想，理想；梦，梦境
❽ ～者 ⓪	【接尾】	-er	……者，……的人
❾ 番組 ⓪	【名】	program	节目
❿ 職業 ②	【名】	occupation	职业
⓫ ～位	【名】	-ranking	……位，……名
⓬ 会社員 ③	【名】	company employee	公司职员

⑬ リモートワーク ⑤	【名】	remote work	远程办公
⑭ 絶対 ⓪	【名・副】	definitely	绝对，一定，无论如何
⑮ 賞金 ⓪	【名】	prize money	奖金，赏金
⑯ 賛成 ⓪	【名・自サ】	approval	赞成，赞同

覚えましょう

❶ 医者 ⓪【名】医生

❷ 弁護士 ③【名】律师

❸ 教師 ①【名】教师

❹ 作家 ⓪【名】作家

❺ 音楽家 ⓪【名】音乐家

❻ 芸術家 ⓪【名】艺术家

❼ デザイナー ②【名】设计师

❽ ジャーナリスト ④【名】记者

❾ 美容師 ②【名】理发师

❿ 調理師 ③【名】厨师

⓫ 保育士 ③【名】育婴师

⓬ 運転手 ③【名】司机

文法解説

1 〜とは限_{かぎ}らない／不一定……，不见得……

接続：用言終止形、体言＋とは限_{かぎ}らない

解説：表示"一般说来是正确的，但是也有例外"之意。相当于汉语的"不一定
……""不见得……""未必……"。

◆ Ｚ世代_{せだい}の全_{すべ}ての人_{ひと}がデジタルに強_{つよ}いとは限_{かぎ}りません。／不是所有Ｚ世代的人都
擅长数码(设备)。

◆ もし、最初_{さいしょ}から成績_{せいせき}がよかったとしても、1位_{いちい}になれるとは限_{かぎ}らない。／即便
从一开始我的成绩不错，也未必就能取得第一名。

◆ 値段_{ねだん}の高_{たか}いものが、必_{かなら}ずしもよい品_{しな}とは限_{かぎ}りません。／价钱贵的东西不见得质
量就一定会好。

◆ 都会_{とかい}の生活_{せいかつ}は田舎_{いなか}より快適_{かいてき}とは限_{かぎ}りません。／城市生活未必就比乡村生活舒服。

2 〜を〜にする／把……当作……，以……为……

接続：体言を＋体言に＋する

解説：表示将某事物作为另一事物。可译为"把……当作……""以……为
……"。「する」是サ变动词，有时省略。「に」是格助词，表示动作、作
用的目的、结果。

◆ 近年_{きんねん}「Ｚ世代_{せだい}」という言葉_{ことば}がマーケティングの世界_{せかい}を中心_{ちゅうしん}に注目_{ちゅうもく}されていま
す。／近年来，"Ｚ世代"这个词在市场营销领域备受关注。

◆ そのニュースをきっかけに、環境保護_{かんきょうほご}について興味_{きょうみ}を持_もつようになった。／
我从看到那条新闻开始，对环保产生了兴趣。

◆ 由美_{ゆみ}ちゃんや健_{けん}ちゃんの頑張_{がんば}りをお手本_{てほん}にしているわ。／(我们)以努力的由美
和阿健为榜样。

◆ 阿部さんはミステリーを中心に、長編小説を次々と発表している。／阿部以推理小说为主，接连发表了很多长篇小说。

◆ ソファーをベッドにして、会議室で昼寝をした。／把沙发当作床，在会议室午睡了。

❸ 〜と共に／和……一起，与……同时

接续： 体言、动词终止形＋と共に

解说： 前接表示动作、行为变化的名词或动词，表示发生了与这一动作、行为变化相应的其他动作、行为变化。有时也表示前后项的两件事情同时发生。可译为"和……一起""与……同时"。类似的表达方式有「〜につれて」「〜と同時に」。

◆ 時代の流れと共に、テクノロジーも進化し、人の特徴でさえも変化し続けているのです。／随着时代的发展，科技也在不断进步，就连人的特征也在不断变化。

◆ 釣りの仲間とともに一時間もかけて、めったにない大物を釣り上げた。／和钓鱼的朋友一起花费了1个小时，钓上了一条很少见的"大家伙"。

◆ 七時になった瞬間、コンサート会場の明かりが消えるとともに演奏が始まった。／刚刚到七点，音乐厅的灯光熄灭了，与此同时演奏开始了。

◆ 国の経済の発展とともに、国民の生活も少しずつ豊かになってきた。／与国家经济发展的同时，国民的生活也逐渐变得富裕起来。

❹ 〜さえ／甚至……；只要……就……

接续： 体言（＋助词）＋さえ

解说： 「さえ」是副助词。

① 表示以极端的事例说明没有例外。相当于汉语的"连……""甚至……"。接在主格后时常用「でさえ」的形式。

◆ 時代の流れと共に、テクノロジーも進化し、人の特徴でさえも変化し続けているのです。／随着时代的发展，科技也在不断进步，就连人的特征也在不断变化。

◆ 毎日の食事にさえ困るほど貧しくなっている。／穷得连每日三餐都吃不上了。

◆ 私でさえ、あの人の言葉に騙されました。／就连我都被他的话给骗了。

◆ 一年前は、「あいうえお」さえ書けなかった。／一年前，就连「あいうえお」都写不出来。

② 以「～さえ～ば」的形式，表示唯一条件。可译为"只要……就……"。

◆ ある時期さえ乗り越えることができれば、その後は楽しく過ごせるようになります。／只要跨越了某个阶段，后面就会过得很愉快了。

◆ 力さえあればだれでも出来る仕事だ。／（这是）只要有力气，谁都能做的工作。

◆ 手続きさえすれば、誰でも入学できます。／只要办理了手续，谁都可以入学。

◆ この試合にさえ勝てば、全国大会に出られる。／只要赢了这场比赛，就可以参加全国的赛事了。

◆ 彼女は暇さえあれば、ゲームをしている。／只要有一点时间她就玩游戏。

5 ～一方だ／一直……，一个劲儿……

接続：动词连体形＋一方だ

解说：表示某种状况不断朝一个方向持续发展，多指负面事物。可译为"一直……""一个劲儿……""越来越……"。

◆ 最近、うちの子は成績が下がる一方なのよ。／最近，我家孩子的成绩不断下滑。

◆ 最近、体重は増える一方だ。／最近体重不断增加。

◆ 河野さんの病状は悪化する一方だ。／河野的病情不断加重。

6 ～たがる／想……，愿意……

接续： 动词第一连用形＋たがる

解说： 表示第三人称的希望、要求。可译为"想……""愿意……"。说话者想表述自己（第一人称）的心理愿望时要用「～たい」的形式。

◆ うちの子は教師になりたがっているわ。／我家孩子想当老师。

◆ 海外へ教育実習に行きたがる学生は年々増えている。／想去国外进行教育实习的学生每年都在增加。

◆ 人気の監督の映画なので、クラスメートの多くが公開初日に見たがっている。／这是部人气很旺的导演的电影，所以很多同学都想在上映第一天就看。

◆ 子どもは楽しそうに公園で遊んでいたが、親は疲れて早く帰りたがっていた。／孩子在公园玩得很开心，但家长累了想早点回去。

◆ 彼の今回の旅行の話を、みんな聞きたがっている。／大家都很想听他这次旅行的故事。

7 ～てみせる／做给……看，一定要……

接续： 动词第二连用形＋てみせる

解说： 表示为了让他人了解而做出某种行动，表示说话人强烈的意志、决心。可译为"做给……看""一定要……"。

◆ 電話をする真似をしてみせる。／做出打电话的样子。

◆ 子供に挨拶の仕方を教えるには、まず親がやってみせたほうがいい。／教孩子寒暄的方法，首先家长应该以身作则。

◆ 次のテストではきっと100点を取ってみせる。／下次考试一定拿回一个满分！

◆ 今年こそ、うんと頑張ってみせる。／今年一定加倍努力！

◆ 今度こそ合格してみせる。／下次考试定会通过！

関連語彙

億万長者⑤ ➡ 長子① ・ 長女① ・ 身長⓪ ・ 長寿① ・ 会長⓪

職業② ➡ 求職⓪ ・ 就職⓪ ・ 職員② ・ 職務① ・ 辞職⓪

原因⓪ ➡ 原始① ・ 原子① ・ 原則⓪ ・ 原理① ・ 原油⓪

賞金⓪ ➡ 資金② ・ 金融⓪ ・ 基金① ・ 税金⓪ ・ 金属①

練習

一　単語練習

❶ 次の単語に読み仮名を付けてください。

① 会社員　　② 機器　　③ 抵抗　　④ 進化　　⑤ 賞金

❷ 次の仮名の漢字を書いてください。

① ながれ　② げんいん　③ ねんだい　④ みぢか　⑤ ざいりょう

二　文法練習

❶ 文章内の空欄に入るもっともふさわしい言葉を、次の①～⑤からそれぞれ選んで書いてください。

① ということ　② としては　③ とは限りません　④ ならでは　⑤ に対して

　　Z世代は、デジタルネイティブであり、SNSネイティブでもあり、更にはスマホネイティブでもあります。Z世代以前の世代もデジタルネイティブではありますが、Z世代（　　）の特徴（　　）、生まれた時にはもうインターネットやデジタル機器が身近にあった（　　）です。Z世代の全ての人がデジタルに強い（　　）が、他の世代よりも新しいテクノロジー（　　）抵抗がないようです。

❷ 次の（　　）に入る助詞を書いてください。

① 近年「Z世代」という言葉がマーケティングの世界を中心（　　）注目されています。

② テレビなどの宣伝より（　　）、SNSに強く影響される人が多く、お金を使う時はクーポンなど（　　）上手く使って買い物をします。

③ 自分が「価値（　　）ある」と思った物やサービスにはお金を使う世代だと言われています。

④ 実は、うちの子、インターネットで動画を配信する人になりたがっていて、毎日勉強もしないで動画ばかり観ているの（　　）。

⑤ 夢があるのはいいことだけど、でもお金のためだけ（　　）職業を選ぶのは賛成できないな…。

三　文型練習

❶ _____とは限らない。

    a. 高い鞄[1]でも、質[2]がいい

    b. 週末といっても、暇だ

    c. 週末でも、休める

❷ _____を_____に_____。

    a. レポート[3]のテーマ[4]　　　　Z世代のライフスタイル[5]　　　した

    b. 100点を取ること　　　　今学期の目標[6]　　　した

    c. その部屋　　　　物置[7]　　　した

❸ _____と共に_____。

    a. 世界がスマホ（スマートフォン）の普及[8]　　　大きく変化した

    b. 家族　　　　引っ越す[9]ことになった

    c. 人々の暮らし方は、社会が発展する　　　変わっていくものだ

❹ _____さえ_____。

    a. 彼はひらがな　　　　書けない

    b. 忙しくて、ご飯を食べる時間　　　　ない

    c. クラスメート[10]なのに、私の名前　　　覚えていない

❺ _____がっている。

a. 彼はアニメを見る

b. 夫は仕事を辞める

c. 最後はどうなったのか、多くの人が知る

❻ _____てみせる。

a. 今度こそ、成功[11]する

b. 今回の試験は絶対合格する

c. 明日の試合はきっと勝つ

❼ _____一方だ。

a. 彼の成績は下がる

b. コロナ[12]が原因で、日本に来る外国人の数は減る[13]

c. 結婚したくない若者は増える

単語

1 鞄 ⓪【名】皮包，提包
2 質 ⓪【名】质量，实质；秉性
3 レポート②【名】报告
4 テーマ①【名】主题
5 ライフスタイル⑤【名】生活方式
6 目標 ⓪【名】目标
7 物置③【名】杂物间

8 普及 ⓪【名】普及
9 引っ越す③【自五】搬家
10 クラスメート④【名】同班同学
11 成功 ⓪【名・自サ】成功，胜利
12 コロナ①【名】冠状病毒（「コロナウイルス⑤」的简称）
13 減る ⓪【自五】减少

四 質問練習

以下の質問に日本語で答えてください。
① はじめてスマートフォンに触ったのは、何歳くらいの時ですか。
② Z世代の人はみんなデジタルに強いと思いますか。
③ 買い物の時クーポンをよく使いますか。どんなクーポンを使いますか。
④ あなたの周りにプロゲーマーになりたがっている人はいますか。
⑤ これさえあれば楽しい時間を過ごせるという物はありますか。

五 読解練習

将来

　「将来」という言葉を聞くと、何を連想[1]するだろうか。その答えは人によって違うだろうが、「何か変化が生じる[2]だろう」という基本的[3]なポイント[4]は共通しているかもしれない。これから先のことなので、予測[5]はできない。この「予測ができない」という点には、何かが変化しているはずだという意味が含まれて[6]いる。

　もちろん、将来には変化が生じる。子供が大人になる。学校を出て、社会人[7]になる。独身[8]の人も恋[9]をし結婚して、父親や母親になる。町にしろ、国にしろ、人口や自然が変わる。「ゆく[10]川[11]の流れは絶えず[12]して、しかももと[13]の水にあらず」——800年ほど前に書かれた鴨長明[14]の言葉は現代の私たちの心にも響いて[15]いる。

　しかし、幸せ[16]が味わえる[17]と人間は微笑む[18]し、悲しみ[19]を感じれば涙[20]を流す[21]。善[22]と悪[23]が存在すれば対立[24]が生み出される[25]し、男と女がいる限り愛の葛藤[26]が生じる。200年以上前の『紅楼夢』[27]も2000年以上前の『詩経』[28]も、現代人が読むと感動[29]するし、納得[30]もする。その中に含まれる人間性[31]はいっこうに[32]変わらないようだ。

　よく考えてみると、将来になっても変わらないものは意外[33]に多いかもしれない。

次のことについて考えてみてください。

① 十年前と今とでは、何が変わりましたか。話し合ってみてください。

② 十年後、何がどのように変わっていくのでしょうか。話し合ってみてください。

③ 将来、変わっていると思うこと、変わっていないと思うことは何ですか。それぞれについて話してみてください。

（単語）

1 連想⓪【名・他サ】联想	18 微笑む③【自五】微笑
2 生じる⓪【自一】发生	19 悲しみ⓪【名】悲伤
3 基本的だ⓪【形动】基本的	20 涙①【名】眼泪，泪水
4 ポイント⓪【名】要点	21 流す②【他五】流
5 予測⓪【名・他サ】预测	22 善①【名】善，善行
6 含む②【他五】包含	23 悪①【名】恶行，邪恶
7 社会人②【名】社会人，参加工作的人	24 対立⓪【名・自サ】对立，冲突
8 独身⓪【名】单身	25 生み出す③【他五】生出，产出
9 恋①【名】恋，恋爱	26 葛藤⓪【名】纠葛
10 行く・逝く⓪【自五】去，往；逝去	27 『紅楼夢』③【名】(书名)《红楼梦》
11 川②【名】河，川	28 『詩経』⓪【名】(书名)《诗经》
12 絶える②【自一】断绝	29 感動⓪【名・自サ】感动，打动
13 元⓪【名】原先，原来	30 納得⓪【名・自他サ】认可，理解
14 鴨長明④【名】(人名)鸭长明	31 人間性⓪【名】人性
15 響く②【自五】影响；响，震动	32 一向(に)⓪【副】(后接否定)一点也(不)……
16 幸せ⓪【名・形动】幸福	33 意外だ①【名・形动】意外
17 味わう③【他五】品味	

六 　聴解練習 🔊

❶ 次の会話を聞いて質問に答えてください。

質問：画面をコピーするにはどうすればよいですか。

① ボタンを2回押す　　　　② 二つのボタンを一緒に押す

③ 二つ目のボタンを押す　　④ ボタン二つを押し続ける

（単語）

1　ページ⓪【名】頁，页码

2　コピー①【名・他サ】复制

3　画像⓪【名】图像，画像

4　同時に⓪【副】同时

5　押す⓪【他五】按，压，推

6　画面①【名】画面

7　さすが（に）⓪【副】不愧，果然还是

8　お前⓪【名】你

9　最新⓪【名】最新

10　誕生日③【名】生日

❷ **次の文を聞いて質問に答えてください。**

質問：好きなことを仕事にするとどんな心配がありますか。

① 好きなことを選ぶのが難しくなる

② 仕事が辛くなると好きなことが嫌いになってしまう

③ 好きなことが苦手なことになる

④ やりたくない仕事が増え続ける

（単語）

1　この世⓪【名】人世，这个世上

2　嫌いだ⓪【形动】厌烦，厌恶；倾向

3　苦手だ⓪【名・形动】不擅长；难对付（的人）

日本的妖怪文化

　　自古以来，日本的妖怪文化在日本文学、绘画、雕塑、音乐等领域都有充分的表现。日本妖怪文化的发展经历了古代、平安时代、室町时代、江户时代和近代五个发展阶段，并仍在日本经久不衰。需要注意的是，有的文化学者也尝试区分日本的妖怪和中国的"鬼"的不同，认为在日本，鬼多为妖怪，而死去的人则成为幽灵。

　　如今大多数日本家喻户晓的妖怪都出现在平安时代，据统计，平安时代流传下来的妖怪大约有400—600种。当时，日本政府专门设立了阴阳师的职位，用于驱鬼捉妖。室町时代的土佐光信是妖怪画的开山宗师。据传其创作了《百鬼夜行绘卷》，该作品被誉为"日本妖怪画的鼻祖"。《百鬼夜行绘卷》中，出现了许多被人丢弃的旧琵琶、旧锅、旧伞等各种日常用品，这些物品幻化成各种妖怪半夜出游。到了江户时代，由于当时的商业和手工业的繁荣，市民阶层壮大，人们对精神文化的需求不断增加，而妖怪的形象也发生了变化，加之中国的版画工艺和彩色套印技术已流传到日本，于是《怪奇鸟兽图卷》出版了。其中出现了七十多种形态各异的怪兽奇鸟，妖怪也不再只是日常物品的化身。近代以来，妖怪们不仅没有消失，反而在漫画、动画中大放异彩。比如宫崎骏的动漫电影《龙猫》《千与千寻》等等，为妖怪文化注入了新的生命力。

　　水木茂曾在《世界妖怪事典》中说道："妖怪并不是单纯而空洞的想象中的产物，如果透过民间传说或神话故事来追溯其渊源，自然会明白它们是人类经过长时间培育起来的文化习俗，并和生活周遭的风土民情有着血浓于水的关系。"妖怪的奇异之处不断吸引着我们，其背后反映的风土民俗同样是一笔宝贵的文化财富。

课文会话译文

第6课 新一代

课文

近年来，"Z世代"这个词在市场营销领域备受关注。所谓Z世代，是指日本20世纪90年代后半期到2010年左右出生的一代。Z世代既是数字化的原住民，又是社交网络服务的原住民，更是智能手机的原住民。Z世代之前的一代虽然也是数字化的原住民，但是Z世代独有的特征是，在出生的时候身边就已经有网络和数字设备了。虽然不是所有Z世代的人都擅长数码（设备），但他们似乎比其他世代更不排斥新科技。

Z世代的另一个特征是不太喜欢名牌和昂贵的东西。而且比起电视上的宣传，很多人受社交网络的影响更大，花钱的时候会很好地使用优惠券购物。另一方面，他们是在自己认为"有价值"的东西和服务上肯付费的一代。

随着时代的发展，科技也在不断进步，就连人的特征也在不断变化。

会话

登场人物：

木村京子（女），母亲，日本人

郑江燕（女），母亲，中国人，现居日本

凯特·史密斯（女），母亲，美国人，现居日本

◆三位妈妈正在谈论孩子的理想。

木村：最近，我家孩子的成绩不断下滑。

郑：怎么了？有什么原因吗？

木村：说真的，我的孩子很想当视频博主，每天都不学习，光看视频。

郑：我家孩子想当职业电竞选手。

史密斯：有未来的梦想不是很好吗？

郑：无论是视频博主还是职业电竞选手，从父母的角度来看，都有点担心孩子们的将来呢……

木村：是啊。最近视频博主和职业电竞选手好像很受欢迎啊。

史密斯：但是在我看的电视节目中，孩子最想从事的职业排在第一位的是"公司职员"。好像是看到父母远程在家工作的缘故。

木村：是吗？我也希望我的孩子成为公司职员。

郑：我家孩子说："我一定要成为职业电竞选手！"。

史密斯：他有那么强烈的意志，就一定能做到。职业电竞选手的奖金好像也很丰厚。从现在开始努力的话，说不定就能成为职业电竞选手。

郑：嗯，能有一个理想是不错，但是我不赞成只是为了钱而选择职业。

第7課 カレーを作る

学習
目標

① 能够针对某个制作流程进行讲解和说明。
② 能用日语对流程指导进行询问或确认。
③ 理解实现精细化操作的必要性。

文法
項目

❶ ～て（で）も構わない・～て（で）もいい
❷ ～ないでください
❸ ～おきに
❹ ～切る・～切れない
❺ ～うちに

本文

ポークカレーの作^{つく}り方^{かた}

<材料^{ざいりょう}>6人分^{ろくにんぶん}

豚肉^{ぶたにく}・・・・・・・・600g^{ろっぴゃくグラム}

玉^{たま}ねぎ・・・・・・・2個^{にこ}

にんじん・・・・・・・2本^{にほん}

じゃがいも・・・・・・3個^{さんこ}

水^{みず}・・・・・・・・・850cc^{はっぴゃくごじゅっシーシー}

カレールー・・・・・1／2箱^{にぶんのいちはこ}

バター・・・・・・・20g^{にじゅうグラム}

<調味料^{ちょうみりょう}>

にんにく・・・・・・・大^{おお}さじ1杯^{いっぱい}

酒^{さけ}・醤油^{しょうゆ}・トマトケチャップ・・・・・各大^{かくおお}さじ1杯^{いっぱい}

<作り方>

1. 豚肉と野菜を切る。野菜は少し大き目に切っても構わない。

2. 大き目の鍋にバターを溶かし、玉ねぎを炒める。

3. 玉ねぎが少し透明になってきたら、玉ねぎと豚肉を一緒に炒める。

4. にんじんとじゃがいもを鍋に入れて更に炒める。

5. 10分程炒めたら、水を入れて煮る。

6. 鍋が沸騰したら、調味料を全て入れ、蓋をして弱火で20分程煮る。その間、数分おきに、何度も掻き混ぜる。

7. カレールーを入れて溶かす。

8. カレールーが溶け切ったら更に弱火で5分程煮る。

9. これでできあがり。

👑 **新しい単語** 🔊

❶ ポーク ①	【名】	pork	猪肉
❷ 材料 ③	【名】	ingredient	材料，原料
❸ 豚肉 ⓪	【名】	pork	猪肉
❹ 〜g ①	【量】	gram	克
❺ 玉葱 ③	【名】	onion	洋葱
❻ 〜個	【量】	piece(s)	……个
❼ 人参 ⓪	【名】	carrot	胡萝卜
❽ 〜本 ①	【量】	piece(s)	……根，……条
❾ 〜ＣＣ ③	【量】	milliliter; cubic centimeter	毫升；立方厘米

⑩	～箱 ⓪	【名・量】	box(es)	……盒，……箱
⑪	バター ①	【名】	butter	黄油
⑫	～杯	【量】	cup(s), bowl(s)	……杯，……碗
⑬	匙 ①	【名】	spoon	匙，匙子，小勺
⑭	大蒜 ⓪	【名】	garlic	蒜，大蒜
⑮	トマトケチャップ ⑤	【名】	tomato ketchup	番茄酱
⑯	各 ①	【名】	each	各自，各个
⑰	野菜 ⓪	【名】	vegetable	蔬菜，青菜
⑱	大～ ⓪	【接头】	large-	大……
⑲	鍋 ①	【名】	pot	锅；火锅
⑳	溶かす ②	【他五】	dissolve, melt	熔化，溶化
㉑	炒める ③	【他一】	fry	炒，煎，爆
㉒	入れる ⓪	【他一】	put in	装入，加入，送进
㉓	煮る ⓪	【他一】	boil, cook	煮，炖，熬
㉔	沸騰 ⓪	【名・自サ】	boiling	沸腾，（水）开
㉕	蓋 ⓪	【名】	lid	盖儿，盖子
㉖	弱火 ⓪	【名】	low flame	小火
㉗	間 ⓪	【名】	during; interval	期间，时候；间隔
㉘	数～ ⓪	【接头】	several	数……，几……
㉙	掻き混ぜる ④	【他一】	stir	搅拌，搅和
㉚	ルー ①	【名】	roux	黄油面酱
㉛	出来上がる ⓪	【自五】	be finished	完成，制成，做好

会話

> **登場人物**
> 林真人先生（男）、日本人、日本語教師
> 中国人学生Ａ・Ｂ・Ｃ・Ｄ

◆日本語クラスで。

先生：日本の学校では、調理実習という授業があります。今日は私たちもみんなで料理をしましょう。

学生Ａ：先生、今日はカレーを作るんですよね。

先生：はい、そうです。今日はポークカレーを作りましょう。家で作る時は、牛肉や鶏肉などを使ってもいいですよ。

学生Ｂ：先生、野菜はじゃがいも、にんじん、玉ねぎの他に、どんな野菜を入れればいいですか。

先生：野菜は、何を入れても構いませんが、煮過ぎないように気を付けてください。

学生Ｃ：作ったカレーが食べ切れなかった場合はどうしたらいいですか。

先生：その場合は、早めに冷凍庫に入れてください。

学生Ｄ：それは心配しないでください。カレーは全部食べ切れると思うよ。なにしろ僕たちはずっと前から手作りのカレーが食べたくてしようがなかったんだ。カレーが本当に

だい す
大好きだからね！

いち じ かん ご
（一時間後）

せんせい
先生：みなさん、いい匂いですね。とても美味しそうです。そ
れでは、温かいうちに食べましょう。

がくせいたち
学生達：はーい！いただきます！

新しい単語

❶ 学校 ⓪	【名】	school	学校
❷ 調理 ①	【名・他サ】	cooking	烹调，烹饪
❸ 実習 ⓪	【名・他サ】	practice	实习，见习
❹ 授業 ①	【名・自サ】	lesson	课，授课，上课
❺ 今日 ①	【名】	today	今日，今天
❻ カレー ⓪	【名】	curry	咖喱
❼ 牛肉 ⓪	【名】	beef	牛肉
❽ 鶏肉 ⓪	【名】	chicken	鸡肉
❾ じゃが芋 ⓪	【名】	potato	马铃薯，土豆
❿ 冷凍庫 ③	【名】	freezer	冷冻室，冷库
⓫ 匂い（臭い）②	【名】	smell; aroma; stink	气味，气息；香味（匂い）；臭味（臭い）
⓬ それでは③	【接】	then, so	那么，那么说，那就

覚えましょう 🔊

❶ 鋏 ③【名】剪刀
　<small>はさみ</small>

❷ 鉛筆 ⓪【名】铅笔
　<small>えんぴつ</small>

❸ 消しゴム ⓪【名】橡皮泥
　<small>け</small>

❹ 糊 ②【名】糨糊；胶水
　<small>のり</small>

❺ ティッシュペーパー ④【名】面巾纸，
　 化妆纸，高级手纸

❻ 帽子 ⓪【名】帽子
　<small>ぼうし</small>

❼ 財布 ⓪【名】钱包
　<small>さいふ</small>

❽ ズボン ②【名】裤子

❾ スリッパ ①【名】拖鞋

❿ コート ①【名】外套

文法解説

1 ～て（で）も 構わない／可以……，……也行

接续：动词第二连用形、形容词连用形＋ても 構わない（体言、形容动词词干＋でも 構わない）

解说：表示许可、允许。带有一定的妥协、让步的语气。可译为"可以……""……也行"。由「て」（接续助词）、「も」（副助词）、「かまわない」（五段动词「構う」的否定形式）构成，一般都以否定形态出现在句子中。类似的表达方式有「～てもいい」「～てもよろしい」。

◆ 豚肉と野菜を切る。野菜は少し大き目に切っても 構わない。／切猪肉和蔬菜。蔬菜切得大一点也没关系。

◆ 食べたくないのなら無理に食べなくても 構わないよ。／如果不能吃，就不要勉强吃了，没关系。

◆ 自転車はこの三ヶ月の滞在期間にしか乗らないので、古くても 構わないです。／自行车只是在这三个月的逗留期间用，旧车也可以。

◆ もし出勤できないなら、リモートワークでも 構わない。／如果不能出勤的话，远程工作也没关系。

※ 「～なくても 構わない」表示没必要做某事。

◆ あなたの 考えがみんなと同じでなくてもかまいません。自由に話してください。／你和大家想法不一样也没关系，请随便说。

2 ～ないでください／请不要……

接续：动词未然形＋ないでください

解说：表示委婉而礼貌地请求他人不要做某事或禁止他人做某事，语气比较柔和。相当于汉语的"请不要……"。

◆ それは心配しないでください。／别担心那个。

◆ ここでタバコを吸わないでください。／请不要在这里吸烟。

◆ わたしはもう大人ですから、心配しないでください。／我已经是大人了，请不要为我担心。

◆ 授業の時間ですから、廊下で騒がないでください。／现在是上课时间，请不要在走廊里喧哗。

◆ そんなことを言わないでください。／请不要那样说。

◆ 授業中、携帯電話を使わないでください。／上课期间，请不要使用手机。

※ 表示禁止的含义时，为了加强语气，可搭配副词「絶対に」「決して」等使用。

◆ みなさん、集合時間は明日の朝7時です。しっかり覚えてください。絶対に遅刻しないでください。／各位，集合时间是明天早晨7点，切记请勿迟到。

※ 同样表示禁止，但语气上更为委婉、礼貌的说法是「～ないでくださいませんか」或「それは困ります／～ては困ります」。

◆ お客様、ここは禁煙ですから、たばこを吸わないでくださいませんか。／这位客人，这里是禁烟的，您能不能把烟熄掉?

※「～ないでください」与「～てはいけません」的区别

～ないでください	～てはいけません
① 语气中带有请求对方配合的感觉。	① 典型的表示禁止的句型。
② 表示禁止的态度相对较弱。	② 语气中带有不允许对方说"不"、没有回旋余地的感觉。

3 ～おきに／毎隔……

接续：体言＋おきに

解说：「おき」是五段动词「置く」的连用形，后接助词「に」，表示动作、行为循环出现所间隔的时间或空间。可译为"每隔……"。

◆ その間、数分おきに、何度も搔き混ぜる。／其间，每隔几分钟搅拌几次。

◆ この薬は、4時間おきに飲んでください。／这个药，请每隔四个小时服用一次。

◆ 本を早く読みたい時は、一行おきに読めばいいそうです。／据说想快速阅读时隔行阅读就好了。

◆ 10メートルおきに木を一本植えます。／每隔十米栽一棵树。

◆ 一ヶ月おきにゴルフに行く。／每隔一个月打一次高尔夫球。

4 ～切る／完全……，充分……

接续： 动词第一连用形＋きる

解说： 五段他动词「切る」作为接尾词接在其他动词第一连用形后，表示该动作、行为"完全""充分"地进行。以「～きれない」形式出现时，是「きる」可能态的否定形式，意为"不能完全……"。

◆ カレールーが溶け切ったら更に弱火で5分程度煮る。／咖喱粉完全溶化后再用小火煮5分钟左右。

◆ レストランを借り切って、婚約披露パーティーを開いた。／包下饭店举行了订婚式。

◆ 澄み切った青空のもと、お爺さんは孫たちに昔話を語り始めた。夜、空には数え切れないほどの星が輝いていた。／在晴朗的夜空下，爷爷开始给孙子孙女们讲从前的故事。天空中闪烁着无数的星星。

◆ たとえ目撃者がいたと言っても、今のところ彼女が犯人だとは言い切れないだろう。／即使有目击者，目前也难断言她就是罪犯吧。

◆ あの子は君を頼りきっているのだから、何とかしてあげてよ。／那个孩子完全依仗你了，给想点儿办法吧。

5 ～うちに／在……期间，趁……的时候

接续： 用言连体形、体言の＋うちに

解说： 表示在限定的时间范围内进行某种行为或动作。相当于汉语的"在

……期間""趁……的时候"。「～ないうちに」表示"还没有……之间""趁还没有……时"。

◆ とても美味しそうです。それでは、温かいうちに食べましょう。／看起来很好吃。那么，趁热吃吧！
◆ 日本語を習っていくうちに、少しずつ慣れていく。／在学习日语的过程中，一点点地习惯起来。
◆ 他の人が来ないので、早朝の静かなうちに撮影するといいですよ。／因为其他人不来，所以在早上安静的时候拍摄比较好。
◆ 学生のうちに、ぜひ一度は日本に行ってみたいと思っています。／在学生时代，我一定要去一次日本。
◆ 暗くならないうちに帰りましょう。／趁天还没有黑，回去吧。

関連語彙

学校⓪ ➡ 校友⓪・校長⓪・校服⓪・校門⓪・予備校⓪

人参⓪ ➡ 人称⓪・商人①・善人③・犯人①・死人⓪

野菜⓪ ➡ 視野①・野心①・野鳥⓪・野獣⓪・野生⓪

冷凍庫③ ➡ 冷却⓪・冷遇⓪・冷戦⓪・冷静⓪・寒冷⓪

練習

一 単語練習

❶ 次の単語に読み仮名を付けてください。

① 授業 　　② 調理 　　③ 人参 　　④ 冷凍庫 　　⑤ 出身

❷ 次の仮名の漢字を書いてください。

① こうりつ 　② けいかく 　③ こんかい 　④ しんせん 　⑤ けいかい

二 文法練習

❶ 空欄に入るもっともふさわしい言葉を、次の①～⑤からそれぞれ選んで書いてください。

① 更に 　② 目 　③ ても 　④ 置きに 　⑤ 程

1. 豚肉と野菜を切る。野菜は少し大き目に切っ（　　）構わない。

2. 大き（　　）の鍋にバターを溶かし、玉ねぎを炒める。

3. 玉ねぎが少し透明になってきたら、玉ねぎと豚肉を一緒に炒める。

4. にんじんとじゃがいもを鍋に入れて（　　）炒める。

5. 10分（　　）炒めたら、水を入れて煮る。

6. 鍋が沸騰したら、調味料を全て入れ、蓋をして弱火で20分程煮る。その間、数分（　　）、何度も掻き混ぜる。

❷ 次の（　　）に入る助詞を書いてください。

① カレールー（　　）溶け切ったら更に弱火で5分程度煮る。

② これ（　　）できあがり。

③ 日本の学校では、調理実習（　　）いう授業があります。

④ 今日は私たちもみんな（　　）料理をしましょう。

⑤ みなさん、いい匂いです（　　）。とても美味しそうです。それでは、温かいうちに食べましょう。

三　文型練習

❶ ＿＿＿＿＿＿＿＿＿＿＿＿＿＿＿＿＿ても構わない／てもいい。

a. 生[1]で食べられるので、炒めない

b. 難しいから、分からない

c. 無理に頑張る

❷ ＿＿＿＿＿＿＿＿＿＿＿＿＿＿＿＿＿ないでください。

a. タバコ[2]を吸う[3]　　b. 図書館では大声で話す　　c. 先に行く

❸ ＿＿＿＿＿＿＿おきに＿＿＿＿＿＿＿。

a. バスは15分　　　　　　　　出る

b. この薬[4]を6時間　　　　　　飲む

c. 駅の近く[5]には50メートル[6]　　コンビニがある

❹ ＿＿＿＿＿＿＿＿＿＿＿＿＿＿＿＿＿切った。

a. 今日は疲れた

b. 一日でこの小説[7]を全部読んだ

c. 最初は絶対できると信じた[8]

⑤ ＿＿＿＿＿＿＿＿＿＿＿＿＿＿うちに、＿＿＿＿＿＿＿＿＿＿。

> a. 温かい　　　食べてください

> b. 若い⁹　　　いろいろ挑戦してみたい

> c. 学生　　　やるべきことだ

（単語）

1 生①【名】生，鲜
2 タバコ⓪【名】香烟
3 吸う⓪【他五】吸
4 薬⓪【名】药，药品
5 近く②【名・副】近旁，附近
6 メートル⓪【名】(长度单位)米
7 小説⓪【名】小说
8 信じる③【他一】相信
9 若い②【形】年轻

四　質問練習

以下の質問に日本語で答えてください。

① 中国の学校では、調理実習という授業はありますか。

② 4年おきに開催¹されるものと聞いて、最初に思い浮かぶ²のは何ですか。

③ カレーライスを作ったことがありますか。

④ 日本ではゴミを捨ててもいい曜日と時間が決まって³います。中国ではどうですか。

⑤ 疲れ切って何もしたくないときはありますか。そんな時はどうしますか。

（単語）

1 開催⓪【名・他サ】开(会)，召开，举办
2 思い浮かぶ⑤【自五】想起来，回想起
3 決まる⓪【自五】决定；规定

五　読解練習

お年玉の行方[1]

　春節[2]は中国のお正月のことで、中国で一番盛り上がる[3]時期だと言えよう。春節には一週間ほどの休みがあるので、家族みんなが実家に集まりさまざまな行事[4]を行う。

　子供達にとってこの時期の大きな喜びの一つは「紅包」をもらうことだろう。大人は新しいお札[5]を赤い封筒に入れて、子供たちに渡す[6]。お年玉だ。「紅包」の中身[7]はお金だが、お金以上の意味がある。この赤い封筒と赤いお札そのものが春節のメインカラー[8]を使ったものであり、幸運[9]の象徴[10]である。大晦日[11]の食事会の後や年明け[12]の朝の時などに、目上[13]の人は「はい、これで好きなものを買って」と言って赤い封筒を渡し、子供は「あ、ありがとうございます」と言って喜んでそれを受け取る[14]。

　ただ、お祝いのグッズ[15]として、赤い封筒は役割を果たせるが、中身のお金は貨幣[16]としての働き[17]が果たせないことがよくある。小さい子がお祖父さんやお祖母さん[18]からもらったお年玉は、お父さん、お母さんに「新しい本でもおもちゃ[19]でも買ってあげるから、預かって[20]あげるよ」と言われて、取られてしまうのが当たり前[21]のことのようになっている。

　では、いったい何歳になると、子供が自分でそのお祝いを管理[22]する権利[23]を持つようになるだろうか。答えを出すのは難しそうではあるが、法律[24]にと書いてある。法律によると、八歳未満[25]の子供はお年玉を受け取ることも、自由に支配[26]することもできないという。逆に八歳以降[27]であれば、もらうことも使うこともできると考えてよさそうだ。

　友達の中には、十八歳の時に両親から通帳をもらった人がいる。その通帳には、それまで「管理されていた」お年玉が全部入っていたそうだ。「えっ」と思って喜んでいたが、貨幣価値が変わってしまったおかげで、中の数字を見ても、あまり感動しなかったそうだ。

次のことについて考えてみてください。

① お年玉はいつ、だれからもらえるものですか。

②「紅包」はお金以上の意味もあると書いてありますが、それはなぜですか。

③ 作者の友達は、もらった通帳の数字を見ても、あまり感動しませんでした。
それは、なぜだと思いますか。

単語

1 行方 ⓪【名】去向，下落
2 春節 ⓪【名】正月，春节
3 盛り上がる ④【自五】热烈，高涨
4 行事 ①【名】仪式，活动
5 札 ⓪【名】纸币
6 渡す ⓪【他五】交给，递
7 中身 ②【名】内容，装在里面的东西
8 メインカラー ④【名】主要颜色，主色调
9 幸運 ⓪【名】幸运，好运
10 象徴 ⓪【名・他サ】象征
11 大晦日 ③【名】除夕，大年三十
12 年明け ⓪【名】新年，新年伊始
13 目上 ⓪【名】上司；长辈
14 受け取る ⓪【他五】接受

15 グッズ ①【名】商品，物品
16 貨幣 ①【名】货币
17 働き ⓪【名】工作，劳动；功能
18 お祖母さん ②【名】祖母，外祖母
19 玩具 ②【名】玩具，玩物
20 預かる ③【他五】收存，保管
21 当たり前 ⓪【名・形動】理所当然，应该；普通
22 管理 ①【名・他サ】管理，保管
23 権利 ①【名】权利
24 法律 ⓪【名】法律
25 〜未満 ①【接尾】未满……，不足……
26 支配 ①【名・他サ】支配，左右
27 以降 ①【名】以后

六　聴解練習 🔊

❶ 次の会話を聞いて質問に答えてください。

質問：誰と誰の会話ですか。

① 母親と息子　　② 父親と娘　　③ 親子　　④ 夫と妻

単語

1 風邪 ⓪【名】感冒
2 晩ご飯 ③【名】晚饭，晚餐
3 ママ ①【名】(儿童用语)妈妈
4 冷蔵庫 ③【名】冰箱
5 饂飩 ⓪【名】乌冬面，日式粗面条

6 よろしく ⓪【副】请关照；适当地
7 パパ ①【名】(儿童用语)爸爸
8 酷い ②【形】严重；过分
9 薬 ⓪【名】药，药品
10 朝ご飯 ③【名】早饭，早餐

---

❷ 次の文を聞いて質問に答えてください。

質問：カレーはどんな料理ですか。

① ラーメンのような料理　　② 日本人の多くが大好きな料理

③ 日本人が週に二回食べる料理　　④ 肉と野菜だけの料理

単語

1 国民⓪【名】国民

2 愛する③【他サ】愛，熱愛

3 香辛料③【名】香辣调味料

4 食欲⓪【名】食欲

5 増進⓪【名・自他サ】増进，促进

6 肉②【名】肉

7 栄養⓪【名】营养

8 たっぷり③【副】充分，足够

9 辛い②【形】辣的，辣味的

日本香道

香道是日本的一种传统艺术，大约起源于6世纪。香道、花道与茶道并称日本的"雅道"，日本《世界大百科事典》第2版中将香道定义为："以香木为素材的闻香艺术之道叫作香道。"据传熏香自奈良时代由僧人鉴真东渡传入日本，作为佛教礼仪的一环，目的是为了让佛事更加庄严。平安时代，由于日本本土不产香木，需要从别国进口，因此十分昂贵，这使得香料逐渐成为当时贵族追逐的对象。伴随着日本国风文化的兴起，焚香成为贵族生活中不可缺少的一部分，他们四处搜集名香，贵族之间还会互相评定优劣，这使香道成为当时贵族社交文化的一种。

到了镰仓、室町时代，贵族衰败，武家崛起，香道逐渐成为一种新的技艺。相比平安贵族尊崇华丽的香道风格，武家尊崇的风格则是幽远枯淡。江户时代以后，"町人"市民阶层兴起，更多人加入香道活动中，香道也经常出现在平民的生活里。此时流行结合数种香木形成"组香"，用于表现古典诗歌、故事、传说的文学性。用于焚香的"香道具"也越来越精致。明治时期，由于当时日本政府尊崇西方文化，作为日本传统文化的香道的发展有所衰退。第二次世界大战之后，随着茶道、花道的振兴，香道再次回到一般大众的视野之中。

从古至今，日本香道形成了许多流派，有御家流、志野流、米川流等等。御家流是指典型贵族风格的代表，并不特指香道流派，茶道等也有相应的御家流。御家流香道使用的工具繁复，用以盛放香道具的"乱箱"通常画满华丽的图案。志野流则是武士阶层的代表，其香道的风格更加简朴。

现代日本社会中，香道教室随处可见，越来越多对于香道感兴趣的人前去学习。通常在香席上有一位香主，剩下的人为香客。香主按仪式拿出香道器具，在香炉上摆上香木片，在散发香气时传递给香客依次品鉴。香客们在焚香的仪式与品鉴香气中体会艺术、修炼心性，参"道"之所在。

 课文会话译文

🌸 第7课 做咖喱

课文

猪肉咖喱的做法

[材料]6人份

猪肉……600g

洋葱……2个

胡萝卜……2根

土豆……3个

水……850ml

咖喱粉……1/2盒

黄油……20g

[调料]

大蒜(末)……1大勺

酒、酱油、番茄酱……各1大勺

[制作方法]

1. 切猪肉和蔬菜。蔬菜切得大一点也没关系。

2. 在稍大些的铁锅中熔化黄油,炒洋葱。

3. 洋葱变得稍微透明的时候,把洋葱和猪肉一起炒。

4. 把胡萝卜和土豆放入锅中继续翻炒。

5. 炒10分钟左右,加水煮。

6. 锅烧开后,放入所有调味料,加盖用小火煮20分钟左右。其间,每隔几分钟搅拌几次。

7. 放入咖喱粉溶化。

8. 咖喱粉完全溶化后再用小火煮5分钟左右。

9. 这样就完成了。

会话

登场人物：

林真人老师（男），日本人，日语教师

中国学生A、B、C、D

◆在日语班

老师：日本的学校有烹饪实习这一课程。今天我们大家一起做饭吧。

学生A：老师，今天要做咖喱吧?

老师：嗯，是的。今天做猪肉咖喱吧。在家做的时候，用牛肉和鸡肉也可以的。

学生B：老师，蔬菜除了土豆、胡萝卜、洋葱以外，还能放些什么呢?

老师：蔬菜的话，放什么都可以，但是请注意不要煮过头。

学生C：如果做的咖喱吃不完的话该怎么办呢?

老师：这种情况下，请尽快放进冰箱里。

学生D：别担心那个! 我觉得咖喱可以全部吃完。不管怎样，我们从很早前就一直想吃自己动手做的咖喱了。真的很喜欢咖喱啊!

（一小时后）

老师：各位，好香啊。看起来很好吃。那么，趁热吃吧!

学生们：好! 我们开始吃了!

第8課　北海道旅行

本文

　外国人に人気のある日本の観光地と言えば、京都や奈良、そして北海道などが挙げられます。特に北海道は日本人にも外国人にも大変人気がある旅行先です。北海道は日本の最も北にあり、季節を問わず、いつも多くの観光客が訪れます。特に冬の北海道は、雪がたくさん降り、雪を見たい観光客で街がいっぱいになるほどです。

　北海道の魅力と言えば、何でしょうか。美しい雪景色、新鮮な海産物、濃厚なミルクを使ったスイーツ、初めてのスキー、有名な動物園、真っ直ぐな長い道路を走る軽快なドライブ、どれもとても魅力的です。北海道に一度行ったことがある人は必ずこう言います、「是非もう一度行きたい！」

　北海道の魅力は、美しい景色や食べ物、ウインタースポーツなど、数えきれないほどたくさんあります。たとえ生の海産物

や牛乳が苦手でも、北海道の物だと食べられるという人もいるそうです。何から楽しんだらいいか分からない外国人は、外国人向けのツアーに申し込むといいでしょう。様々なツアーがあり、効率よく旅行することができます。

北海道は寒い所が好きな人向きの旅行先だと思うかもしれませんが、そんなことはありません。たとえ寒いのが苦手な人でも行ってみれば、きっと好きになるでしょう。

新しい単語 🔊

❶ ～地	【名】	place of		……場所，……地
❷ 奈良①	【名】	Nara		(地名)奈良
❸ 北⓪	【名】	north		北，北方
❹ 降る①	【自五】	fall, come down		下，降
❺ 新鮮だ⓪	【形動】	fresh		新鮮
❻ 海産物③	【名】	marine product		海产品，海产
❼ 濃厚だ⓪	【形動】	rich, thick		浓厚，浓郁
❽ スイーツ②	【名】	sweet, dessert		甜品，甜点
❾ スキー②	【名】	ski		滑雪；滑雪板
❿ 道路①	【名】	road		街道，道路
⓫ 走る②	【自五】	run		跑
⓬ 軽快だ⓪	【名・形動】	light		轻快，愉快
⓭ ドライブ②	【名・自サ】	drive		兜风，驾驶
⓮ ウインター②	【名】	winter		冬季，冬天
⓯ 数える②	【他一】	count		数，计算
⓰ 生①	【名・接头】	raw, fresh		生，鲜
⓱ 牛乳⓪	【名】	milk		牛奶，牛乳

⑱ 苦手だ ⓪	【形动】	weak; tough	不擅长；难对付（的人）	
⑲ ツアー ①	【名】	tour	（团队）旅行	
⑳ 申し込む ④	【他五】	apply; propose	申请，报名；提议	
㉑ 効率 ⓪	【名】	efficiency	效率	

会話

登場人物

清水 諭（男）、桜国際大学の 4 年生、日本人学生

佐藤雅治（男）、桜国際大学の 3 年生、日本人学生

謝開航（男）、桜国際大学の 3 年生、中国人留学生

韓春梅（女）、桜国際大学の 2 年生、中国人留学生

◆日本語サークルの会議室で。

清水：謝君、韓さん、今、サークルのみんなで旅行に行く計画があるんだ。二人もどう？

謝：僕たちもいいんですか？行きたいです！どこに行く計画なんですか？

清水：北海道だよ。謝君は寒い所の出身だっけ？寒さには強いんじゃない？

謝：はい！寒い所は大好きです。

韓：北海道は謝さん向きの旅行先ね。私は南方の出身だから寒いのは苦手だな。でも北海道の新鮮な魚とか美味しい牛乳で作ったアイスクリームやチーズが食べてみたいなあ。それに雪や流氷も見てみたい！

清水：佐藤はウインタースポーツが得意なんだって？

佐藤：ええ、ウインタースポーツはなんでも得意です。清水先輩はどうですか？

清水：スキーが少し…。でも得意というんじゃないんだ…。実は

あまりいい思い出がないんだよな…。

謝：もしかして、清水さん、スキーの時に何か嫌なことがあっ

たんですか？

清水：そうなんだ。子供の頃に初め

てスキーをしたんだけど、た

くさんの人の前で何回も転ん

で、なかなか上手くできな

かったんだ。自分にとっては

恥ずかしくて、忘れられない思い出なんだ。

佐藤：ああ、それなら無理しないほうがいいですね。今回の旅行

ではスキーはやめておきましょう。

韓：じゃあ、今回の北海道旅行では、美味しい物がたくさん食

べられることを楽しみにしていますね！

新しい単語

❶ サークル ①	【名】	circle	兴趣小组，同好会；圆圈
❷ 計画 ⓪	【名・他サ】	plan	计划，规划，设计
❸ 出身 ⓪	【名】	hometown, birthplace	籍贯，出生地
❹ 南方 ⓪	【名】	south	南方
❺ 魚 ⓪	【名】	fish	鱼，鱼肉
❻ アイスクリーム ⑤	【名】	ice cream	冰激凌
❼ チーズ ①	【名】	cheese	干酪，奶酪
❽ 流氷 ⓪	【名】	drift ice	流冰，浮冰

⑨ 得意 ②	【名・形动】	be good at	拿手，擅长
⑩ もしかして ①	【副】	if	如果，假如
⑪ 転ぶ ⓪	【自五】	tumble down	倒，跌倒
⑫ 恥ずかしい ④	【形】	shameful	羞，害羞
⑬ 今回 ①	【名】	this time	此次，这番
⑭ 止める ⓪	【他一】	stop	停止，停下

 覚えましょう

❶ 旅先 ⓪【名】旅行目的地；旅行的途中

❷ 名物 ①【名】著名产品

❸ 特産 ⓪【名】特产

❹ 土産 ⓪【名】土特产品，礼物

❺ 駅弁 ⓪【名】(地铁、火车等)车站卖的盒饭

❻ 名所 ③【名】名胜

❼ 旅館 ⓪【名】旅馆

❽ ホテル ①【名】宾馆

❾ 民宿 ⓪【名】民宿

❿ 宿泊 ⓪【名】住宿

⓫ 満室 ⓪【名】客满

文法解説

1 たとえ〜て（で）も／即使……也……，任凭……也……

接续： たとえ＋动词第二连用形、形容词连用形＋ても（たとえ＋体言、形容动词词干＋でも）

解说： 本句型表示逆态连接，后项的成立不受前项的制约。前项假设某条件成立，后项对此条件下的结果予以否定或限定。可译为"即使……也……""任凭……也……"。「たとえ」是副词，意为"即使""纵然"，在表示该意思时，「たとえ」有时会被省略掉。「ても」是接续助词，表示以前项为条件，用逆反语气连接后项。

◆ たとえ生の海産物や牛乳が苦手でも、北海道の物だと食べられるという人もいるそうです。／据说有人即使不喜欢生的海产品和牛奶，却也能吃北海道的这些食品。

◆ （たとえ）結婚しても、この仕事を続けたいんです。／即便结婚了，也想继续做这份工作。

◆ たとえ社長が来なくても、会議は予定通り行われるだろう。／总经理即使不来，会议也会按预定进行吧。

◆ たとえ手術をしても、助かる見込みは少ないだろうと言われた。／说是即使做了手术，恐怕获救的希望也不大。

◆ たとえ今から急いでも、絶対に間に合わないよ。／即使从现在开始赶，也绝对赶不上。

◆ たとえ会話が苦手でも、日本語を使っているうちに慣れていくものだ。／即使不擅长会话，在使用日语的过程中也会熟练的。

◆ この授業内容は、たとえ優秀な学生でも予習しないと理解できないだろう。／这门课的内容，即使是优秀的学生，不预习的话也理解不了吧。

2 〜を問わず／不管……，无论……

接续： 体言＋を問わず

解说： 本句型由动词「問う」的未然形和否定助动词「ず」构成，表示不受所述条

件的约束，不将其作为问题。本句型前多使用表达正反意义的名词，如「男女」「有無」等。可译为"不管……""无论……""不限……"。有时也使用「～は問わず」的形式。

◆ 北海道は日本の最も北にあり、季節を問わず、いつも多くの観光客が訪れます。／北海道位于日本的最北边，无论什么季节，总是有很多游客到访。

◆ 警察は私たちの安全を守るために昼夜を問わず働いている。／警察为了维护我们的安全，不分昼夜在工作着。

◆ ボーリングは男女を問わず、楽しめるスポーツです。／保龄球是无论男女都能找到乐趣的体育运动。

◆ この奨学金は性別や国籍を問わず、誰でも申し込むことが出来る。／这个奖学金不分性别和国籍，谁都可以申请。

3 　～向け／面向……，适合……

接续： 体言＋向け

解说： 名词性接尾词「向け」源于他动词「向ける」（朝、对着），表示以前项所述内容为对象或目标制作的物品或进行的后项行为。可译为"面向……""适合……"。有时使用「～向けの」「～向けて」「～向けに」的形式。

◆ 何から楽しんだらいいか分からない外国人は、外国人向けのツアーに申し込むといいでしょう。／不知道从哪里开始游玩的外国人，可以报名参加面向外国人的旅行团。

◆ アジア向け商品の仕様は日本国内向けとは多少違います。／出口亚洲（其他国家）的商品和面向日本国内的做法略有不同。

◆ 最近、中高年向けのパソコン教室が増えてきた。／最近，面向中老年的计算机学校在增多。

◆ これは子供向けの漫画だからゆったりとしたスペースを残したほうがいいでしょう。／这是给孩子看的漫画，所以不要画得太满。

4 ～向き／朝……，向……；合适于……

接续：体言＋向き

解说：「向き」是动词「向く」的连用形，属名词性接尾词。

① 接在方向、方位词后，表示面对或朝向该方向、方位。可译为"朝……""向……"。

> ◆ いびきを抑えるには、なるべく横向きに寝てくださいとお医者さんに言われた。／医生建议，要抑制打鼾，请尽量侧身睡觉。
>
> ◆ 今回の提案については、前向きに検討したいと考えております。／针对这次的提案，我们将朝着积极的方向予以考虑。
>
> ◆ 一般的には南向きの部屋はそうでない部屋より値段が高い。／通常朝南的房间比其他房间价格要贵。

② 表示适应性。可译为"合适于……""适用于……"。

> ◆ 北海道は寒い所が好きな人向きの旅行先だと思うかもしれませんが、そんなことはありません。／也许有人会认为北海道是适合喜欢寒冷地方的人的旅行地，其实不然。
>
> ◆ 若い女性向きのものが殆どで、中高年向きのものが少ないという声がある。／有呼声说，大多数东西都是面向年轻女性的，而面向中老年的很少。

5 ～っけ／是不是……来着，是……吧

接续：动词过去式、形容词过去式、助动词「だ」的终止形或过去式＋っけ

解说：表示对说不准或记不清的事情的确认。可译为"是不是……来着""是……吧"。「っけ」是终助词，用于关系密切的熟人、朋友之间的会话中。「～だっけ」和「～だったっけ」意思相同。

> ◆ 謝君は寒い所の出身だっけ？／我记得小谢老家好像是比较冷吧？
>
> ◆ ニューヨーク出張は誰が行くんだったっけ。／去纽约出差的是谁来着？
>
> ◆ 中間テストは何時からだっけ。／期中考试是什么时候开始来着？
>
> ◆ これ、なんていう花でしたっけ。／这叫什么花来着？

◆ 子供のころ、夏になるとよくこの川で遊んでいたっけ。／小时候，一到夏天经常在这条河里玩耍呀。

◆ あの日も今日のように雪がちらちら降っていたっけ。／那天也和今天一样，雪花纷纷飘落呀。

6　〜のだ／表示说明、主张、解释

接续：体言な、用言连体形＋のだ

解说：表示说明、主张、解释。敬体形式是「〜のです」，文章体为「〜のである」或「のであります」。口语中常以「〜んだ」「〜んです」的形式出现。「の」是形式体言，「だ」是表示断定的助动词。本课出现的「強いんじゃない？」是其口语的否定形式。

◆ 寒さには強いんじゃない？／挺耐寒的吧。

◆ バブル崩壊で、うちの会社も貴社と同じように大きな損をしたんですよ。／因泡沫经济的崩溃，我们公司也和贵公司一样，损失惨重啊！

◆ 入場券をもう一枚いただきたいのですが、宜しいでしょうか。／我想再要一张入场券，可以吗？

関連語彙

海産物③ ➡ 産地① ・産業⓪ ・生産⓪ ・財産⓪ ・遺産⓪

計画⓪ ➡ 計算⓪ ・設計⓪ ・生計⓪ ・合計⓪ ・体温計⓪

効率⓪ ➡ 効力① ・有効⓪ ・無効⓪ ・失効⓪ ・特効⓪

道路① ➡ 路上⓪ ・路線⓪ ・路面⓪ ・路傍⓪ ・回路①

練習

一　単語練習

❶ 次の単語に読み仮名を付けてください。

① 海産物　② 牛乳　③ 道路　④ 南方　⑤ 濃厚

❷ 次の仮名の漢字を書いてください。

① もうしこむ　② とくい　③ きた　④ なら　⑤ りゅうひょう

二　文法練習

❶ 文章内の空欄に入るもっともふさわしい言葉を、次の①〜⑤からそれぞれ選んで書いてください。

①いつも　②特に　③と言えば　④そして　⑤ほど

外国人に人気のある日本の観光地（　　）、京都や奈良、（　　）北海道などが挙げられます。（　　）北海道は日本人にも外国人にも大変人気がある旅行先です。北海道は日本の最も北にあり、季節を問わず、（　　）多くの観光客が訪れます。特に冬の北海道は、雪がたくさん降り、雪を見たい観光客で街がいっぱいになる（　　）です。

❷ 次の（　　）に入る助詞を書いてください。

①北海道の魅力（　　）言えば、何でしょうか。

②美しい雪景色、新鮮な海産物、濃厚なミルクを使ったスイーツ、初めて（　　）スキー、有名な動物園、真っ直ぐな長い道路（　　）走る軽快なドライブ、どれ（　　）とても魅力的ですね。

③北海道は寒い所が好きな人向き（　　）旅行先だと思う人もいるかもしれませんが、そんなこと（　　）ありません。

④謝君、韓さん、今、サークルのみんなで旅行に行く計画があるんだ。二人（　　）どう？

⑤今回の北海道旅行（　　）は、美味しい物がたくさん食べられること（　　）楽しみにしていますね！

三　文型練習

❶ たとえ＿＿＿＿＿＿＿＿＿＿ても（でも）＿＿＿＿＿＿＿。

a. 忙しい　　　　　　　連絡してほしい

b. 嘘[1]　　　　　　　信じたい

c. 親に反対される　　　諦めたくない

❷ ＿＿＿＿＿＿＿を問わず＿＿＿＿＿＿＿＿＿。

a. この本は年齢　　　　　どんな人にも読みやすい

b. この仕事は性別　　　　誰でも申し込める

c. スポーツ大会は天気[2]　　行う

❸ ＿＿＿＿＿＿＿＿＿向け＿＿＿＿＿＿＿＿。

a. これは子供　　　　のアニメだ

b. これは外国人　　　　の教科書[3]だ

c. これは女性　　　　の漫画だ

❹ ＿＿＿＿＿＿＿＿＿＿＿＿＿＿＿向きだ。

a. この店は安くて、学生

b. この本は初心者[4]

c. このスーツは仕事

❺ _____っけ。

　a. 山田さんは奈良の出身

　b. 授業はいつ始まる

　c. 今日の晩ご飯代はいくら

❻ _____んじゃない？

　a. 四川省⁵が出身地⁶なので、辛い⁷ものに強い

　b. 今日から三連休⁸なので、暇

　c. あの映画、今人気

（単語）

1 嘘①【名】谎言
2 天気①【名】天气
3 教科書③【名】教科书，课本
4 初心者②【名】初学者
5 四川省②【名】(地名)四川省
6 出身地③【名】出生地，籍贯
7 辛い②【形】辣的，辣味的
8 連休⓪【名】连休

四　質問練習

以下の質問に日本語で答えてください。

① 外国人に人気のある中国の観光都市はどこですか。

② 北海道に行きたいですか。それはなぜですか。

③ あなたはお寿司など生の海産物を食べられますか。

④ 昼夜¹を問わず働いている人と言えば、具体的にどんな職業だと思いますか？

⑤ 子ども向けのアニメと大人向けのアニメはどこが違うと思いますか。

（単語）

1 昼夜①【名】昼夜，白天和夜晚

五　読解練習

お箸[1]

　　東[2]アジア[3]地域を中心に広く使われる食事の道具[4]の一つは、お箸である。食べ物を挟んで[5]取るのに使う、細長い[6]二本の棒[7]はなかなか[8]すごい発明ではないだろうか。フォーク[9]やナイフ[10]を使って食事をすることもあるが、お箸のほうが遥か[11]に便利だ。まず、片手[12]で使うことができる。また、挟むだけでなく、刺す[13]、切る、混ぜるなど、ナイフやフォークの働きも兼ねて[14]いる。そのうえ、箸の材質[15]には木、竹[16]、プラスチック[17]、金属[18]など、多くのものが利用できるので造りやすい。

　　近年あちこち[19]で見られる割り箸[20]は、さらに便利な道具だといえよう。割れ目[21]を入れて、食事の時に二本に割って[22]使うこの箸という道具はレストラン[23]や出前[24]の時に広く利用されている。使い捨て[25]のため、便利で衛生[26]的だと思われている。しかし、この便利な道具は森林[27]を破壊[28]するなど環境[29]問題にも深刻[30]な影響を与えて[31]いると考えられている。中国国内[32]では年間[33]300億膳[34]、日本では年間250億膳も割り箸が消費されているという。

　　この数を見ると、外食[35]の時は「マイ[36]箸」を持って行くほうがよさそうだ。

次のことについて考えてみてください。

① 東アジアの食事の道具とヨーロッパの食器[37]はどう違いますか、それはなぜだと思いますか。

② お箸は便利な道具だと作者は言っていますが、それは正しいかどうか、話してみてください。また、その理由も述べてください。

③ あなたは、外食の時「マイ箸」を使いますか。環境保護のために、どんな工夫をしていますか。

单語

1 箸①【名】筷子	20 割り箸⓪【名】一次性筷子
2 東⓪【名】东，东方	21 割れ目⓪【名】缝隙
3 アジア①【名】亚洲	22 割る⓪【他五】分，切，劈
4 道具③【名】工具	23 レストラン①【名】西餐馆
5 挟む②【他五】夹，夹住	24 出前⓪【名】外卖
6 細長い④【形】细长的	25 使い捨て⓪【名】一次性使用
7 棒⓪【名】棒，棍子	26 衛生⓪【名】卫生
8 なかなか⓪【副】相当，非常	27 森林⓪【名】森林
9 フォーク①【名】餐叉	28 破壊⓪【名・自他サ】破坏
10 ナイフ①【名】西餐刀，小刀	29 環境⓪【名】环境
11 遥か①【副・形動】远远，远比	30 深刻だ⓪【形動】严重，重大
12 片手⓪【名】单手，一只手	31 与える⓪【他一】给，给予
13 刺す①【他五】刺，扎	32 国内②【名】国内
14 兼ねる②【他一】兼任，兼备	33 年間⓪【名】一年，全年
15 材質⓪【名】材质	34 ～膳【接尾】……双；……碗；饭菜
16 竹⓪【名】竹子	35 外食⓪【名・自サ】在外用餐
17 プラスチック④【名】塑料	36 マイ②【代】我的，自己的
18 金属①【名】金属	37 食器⓪【名】餐具
19 あちこち③【代・名】各处，到处	

六　聴解練習 🔊

❶ 次の会話を聞いて質問に答えてください。

質問：二人は次の休みにどこに行きますか。

① 二人は動物園に行きます　　② 二人で遊園地に行きます

③ 男性は家で過ごします　　④ 女性は一人でキャンプに行きます

単語

1 ファミリー①【名】家，家族，家庭	3 自然⓪【名】自然
2 ハッピー①【名】幸福	

❷ 次の文を聞いて質問に答えてください。

質問：「寒がり」「暑がり」について何と言っていますか。

① 寒がりは男性女性共にいます

② 暑がりは暑さに強い人のことです

③ 冬に弱い人のことを寒がりと言います

④ 健康な人は頭寒足熱を心掛けています

（単語）

1 男女①【名】男女

2 頭寒足熱①【名】脚暖头凉

3 心掛ける⑤【他一】注意，留意，想着

日本三景

　　日本地形狭长，处于亚欧板块与太平洋板块交界处的地理位置造就了许多独特的自然景色。众多旅游胜地之中，"日本三景"可以说是最具代表性的景观。日本三景最早可见于江户初期儒家学者林春斋所著《日本国事迹考》，书中提到"丹后天桥立，陆奥松岛，安艺严岛，为三处奇观"。而这三个地方分别是现今的京都府天桥立、宫城县松岛海岸及广岛县宫岛（又名严岛）。

　　丹后是现今京都府北部的古称，面朝日本海。地壳运动和海沙沉积使海中形成了一个两面临海、长约三公里、宽数十米的沙洲。沙洲上有约8 000棵松树，远远望去像是一座绿色的长桥。据说丰富的地下水脉一直延伸至海边，这使得松林能够在沙滩上繁茂生长。日本画圣雪舟在1501年创作其代表作《天桥立图》，这件巨作以俯瞰的视角再现出天桥立及其周边的景色，着实触人心弦。

　　宫城县松岛是一个由260多个小岛组成的岛群，"松岛"一词在日语里指的是满是松树的岛屿，在日本境内有许多名为松岛的景点，但其中最知名的莫过于宫城县松岛。除了海面上的岛屿景观之外，松岛海面下还有许多暗礁，这里在战国时期被仙台统治者伊达政宗当作重要军事基地使用。"壮观（大高森）""丽观（富山）""伟观（多闻山）""幽观（扇谷）"是著名的四大观景处，站在这四大观景处，可以饱览松岛湾大大小小岛屿的全貌。这些与众不同的岛屿景观再加上美丽的海岸线与天际线，令人流连忘返。

　　最后一景是位于濑户内海上的宫岛，严岛神社是宫岛上最负盛名的景观。严岛神社建于6世纪末，古时被尊奉为"海上守护神"，12世纪由平清盛改建，形成了现在神社的基本规模。严岛神社的大门是一个朱红色的鸟居，矗立于蔚蓝的濑户内海之上，退潮时，游客可以近距离到鸟居散步。严岛神社于1996年作为文化遗产被联合国教科文组织列入《世界遗产名录》。

　　日本三景体现着传统日本的风景审美理念，而自然景观作为一种独特的文化传承方式，有着穿越时间的力量。

课文会话译文

第8课 北海道旅行

课文

　　说到受外国人欢迎的日本观光地，可以列举京都、奈良以及北海道等。尤其是北海道，无论对日本人还是外国人来说，都是很受欢迎的旅行地。北海道位于日本的最北边，无论什么季节，总是有很多游客到访。特别是冬天的北海道，雪下得很大，街道上挤满了想看雪的游客。

　　说到北海道的魅力，那会是什么呢？美丽的雪景、新鲜的海产品、用味道浓厚的牛奶制作的甜点、第一次滑雪、有名的动物园、在笔直的道路上轻快地兜风……每一样都很有魅力。去过一次北海道的人都会说："一定要再去一次！"

　　关于北海道的魅力，美景、美食、冬季运动等，数不胜数。据说有人即使不喜欢生的海产品和牛奶，却也能吃北海道的这些食品。不知道从（北海道）哪里开始游玩的外国人，可以报名参加面向外国人的旅行团。有各种各样的旅行团，可以高效率地旅行。

　　也许有人会认为北海道是适合喜欢寒冷地方的人的旅行地，其实不然。即使是怕冷的人去看看，也一定会喜欢上的吧。

会话

登场人物：

清水谕（男），樱花国际大学四年级，日本学生

佐藤雅治（男），樱花国际大学三年级，日本学生

谢开航（男），樱花国际大学三年级，中国留学生

韩春梅（女），樱花国际大学二年级，中国留学生

◆在日语社团的会议室里

清水：小谢、小韩，现在有一个社团成员一起去旅行的计划。二位也一起去
　　　怎么样？

　谢：我们也可以吗？我想去！你们计划去哪里？

清水：北海道啊。我记得小谢老家好像是比较冷吧？（你）挺耐寒的吧。

谢：是的！我很喜欢寒冷的地方。

韩：北海道是适合小谢的旅行地。我来自南方，所以怕冷。但是，我很想品尝一下北海道的鲜鱼和用美味的牛奶制作的冰激凌，还有奶酪。而且还想看看雪和流冰！

清水：听说佐藤很擅长冬季运动？

佐藤：是的，冬季运动我都擅长。清水师兄怎么样？

清水：滑雪会点……不过说不上是擅长，说实话是没什么美好的回忆啊……

谢：难道说，清水师兄滑雪的时候有什么不愉快的事情吗？

清水：是啊。小时候第一次滑雪，在很多人面前摔了好几次，怎么也滑不好。对我来说感觉害羞，这是无法忘记的回忆。

佐藤：啊，那还是不要勉强为好。这次旅行就不要去滑雪了吧。

韩：那么，这次的北海道旅行，就期待能吃到很多美食啦！

第9課 敬語

本文

　外国人はよく、「日本人は礼儀正しい」と言う。日本では、スポーツ大会などで選手が誰もいないグラウンドに礼をしたり、電車の中で少しでも人に迷惑をかけるようなことがあればすぐに「すみません」と言ったりする。これらは日本人が礼儀を重んじていることの表れだろう。

　礼儀とは「人間関係や社会生活の秩序を維持するために欠かせない、行動や作法、敬意の表し方」である。礼儀を重んじる日本社会では、人と会話する時にも、敬語のことを考えなければならない。目上の人や、あまり親しくない人と話す時は、尊敬語や丁寧語などを使うことが必要である。

　外国人から見れば、敬語は難しく、できれば勉強したくないと思う時もあるだろう。しかし敬語を身に付けなければ、日本語を習得したとは言えない。なぜなら日本語には礼儀が既に深く染

み込んでいるからだ。例えば、「いらっしゃいませ」や、食事の前の「いただきます」「～です」や「～ます」などは、日本人が毎日のように使っている敬語だ。敬語は難しいから嫌だと思わずに、気楽に勉強してみてはどうだろうか。

新しい単語 🔊

❶	礼儀 ③	【名】	manners	礼仪，礼貌
❷	大会 ⓪	【名】	big meeting	大会
❸	選手 ①	【名】	player	选手，运动员
❹	グラウンド ⓪	【名】	ground	运动场
❺	礼 ①	【名】	bow; etiquette	（鞠躬）行礼；礼节
❻	重んじる ④	【他一】	value, make much of	注重，重视
❼	秩序 ①	【名】	order	秩序
❽	維持 ①	【名】	maintenance	维持
❾	欠く ⓪	【他五】	lack	欠缺，缺少
❿	作法 ①	【名】	manners, etiquette	礼节，礼仪
⓫	敬意 ①	【名】	respect	敬意
⓬	表す（現す）③	【他五】	show	表现，表达，显露
⓭	目上 ⓪	【名】	senior; elder	上司；长辈
⓮	尊敬語 ⓪	【名】	honorific language	敬语，尊敬语
⓯	丁寧語 ⓪	【名】	polite language	郑重语，客气说法
⓰	既に ①	【副】	already	已经，已然
⓱	染み込む ③	【自五】	soak into	渗入，渗透
⓲	いらっしゃる ④	【自五】	come, go, be	（敬语）来，去，在
⓳	頂く ⓪	【他五】	drink, eat; get	饮，吃；领受
⓴	嫌だ ②	【形動】	hate	讨厌，不喜欢
㉑	気楽だ ⓪	【形動】	easy, carefree	轻松，舒适，安乐

会話

> **登場人物**
> とうじょうじんぶつ
>
> 鈴木幹雄（男）、桜国際大学の教授
> すずきみきお　おとこ　　さくらこくさいだいがく　きょうじゅ
>
> 高橋賢人（男）、桜国際大学の日本人学生
> たかはしけんと　おとこ　　さくらこくさいだいがく　にほんじんがくせい
>
> 田中英寿（男）、桜国際大学の事務職員
> たなかひでとし　おとこ　　さくらこくさいだいがく　じむしょくいん

◆鈴木教授の研究室で。
　すずききょうじゅ　けんきゅうしつ

　高橋：（コンコン）鈴木先生はいらっしゃいますか？
　たかはし　　　　　　すずきせんせい

鈴木教授：はい、どうぞ。

　高橋：失礼致します。先生、こんにちは。
　たかはし　しつれいいた　　　せんせい

鈴木教授：ああ、今、午後の授業が終わったところだ。どうし
　　　　　　いま　ごご　じゅぎょう　お
　　　　たんだ？

　高橋：実は、僕、来年中国の大学院に留学しようと考え
　たかはし　じつ　ぼく　らいねんちゅうごく　だいがくいん　りゅうがく　かんが
　　　　ているところでして。

鈴木教授：そうだったか。それはいいことだね。

　高橋：それで、先生にお願いがございまして、今日伺いま
　たかはし　　　　　せんせい　ねが　　　　　　　　きょううかが
　　　　した。

鈴木教授：推薦状かな？
　　　　　　すいせんじょう

　高橋：はい、そうなんです。
　たかはし
　　　　先生に推薦状を書い
　　　　せんせい　すいせんじょう　か
　　　　ていただけないかと思
　　　　　　　　　　　　　　おも
　　　　いまして。

鈴木教授：ああ、いいよ。

　　　　高橋：ありがとうございます！

鈴木教授：じゃあ、高橋君の研究計画を話してごらん。

（コンコン）

事務職員：失礼致します。鈴木教授、教授会のお時間はご存じ

　　　　　でしょうか。

鈴木教授：あっ、しまった！教授会があることを忘れてたよ。

　　　　　高橋君、申し訳ないが、推薦状のための資料をメー

　　　　　ルしておいてくれないか。

　　　　高橋：承知しました。

鈴木教授：田中さん、待たせて申し訳ないね。すぐに行くとみな

　　　　　さんに伝えてください。

事務職員：かしこまりました。

新しい単語

❶ 教授 ⓪	【名・他サ】	professor; teaching	教授；教，讲授
❷ コンコン ⓪	【副】	rap; cough	咚咚（敲门声）；咳咳（咳嗽声）
❸ 失礼 ②	【名・形動・自サ】	rudeness; say goodbye	失礼，不礼貌；告辞
❹ 致す ②	【他五】	do	（自谦语）做，为，办
❺ 来年 ⓪	【名】	next year	来年，明年
❻ それで ⓪	【接】	so	因此，因而，所以
❼ 願い ②	【名】	wish; request	愿望；请求，要求
❽ 伺う ⓪	【他五】	visit; ask	（自谦语）拜访，访问；询问

⑨	推薦状 ⓪	【名】	letter of recommendation	推荐信
⑩	ござる ②	【自五】	be, come, go	（尊他语）在，来，去
⑪	ご覧 ⓪	【名】	look	（尊他语）看，阅览
⑫	存じる(存ずる) ③	【自一・自サ】	think; know	（自谦语）想，认为；知道
⑬	しまった ②	【感】	dear	糟了，糟糕
⑭	申し訳ない ⑥	【组】	sorry	对不起
⑮	資料 ①	【名】	material	资料
⑯	メール ⓪	【名】	mail	邮件，邮政
⑰	承知 ⓪	【名・他サ】	know; consent	知道；同意
⑱	畏まる ④	【自五】	know	（自谦语）明白，知道

覚えましょう

❶ 親友 ⓪【名】挚友，好朋友
❷ 親戚 ⓪【名】亲戚
❸ 従兄弟・従姉妹 ②【名】表（堂）兄弟，表（堂）姐妹
❹ 知人 ⓪【名】相识的人，熟人
❺ 同級生 ③【名】同年级同学

❻ クラスメート ④【名】同班同学
❼ 同僚 ⓪【名】同事
❽ 同郷 ⓪【名】同乡
❾ 同期 ①【名】同期；同级，同届
❿ 身内 ⓪【名】自己人；亲属

文法解説

1 敬語（尊敬語・謙譲語）

❶ 敬语助动词（れる・られる）

接续： 五段动词未然形、サ变动词未然形＋れる

一段动词未然形、カ变动词未然形＋られる

解说： 表示说话人对句中主体的尊敬。「れる」「られる」是助动词，按照一段动词进行词尾变化。

◆ 先生が帰国された。／老师回国了。

◆ 社長は明日ヨーロッパへ行かれます。／总经理明天要到欧洲去。

◆ 山田先生は毎朝6時に起きられます。／山田老师每天早晨6点钟起床。

◆ 明日の開業式ではどなたがあいさつされますか。／哪位将在明天的开业典礼上致辞？

❷ 敬语动词

　　日语敬语动词可以分为两大类：一类属于尊他语，表示说话人对句中行为主体的尊敬。另一类属于自谦语，采用谦逊的表达方式叙述自己或自己一方的人的动作、行为，以表示说话人对他人的尊敬。常见的敬语动词列举如下：

① いらっしゃる（「行く」「来る」「いる」的尊他语）

◆ 明日のパーティーにいらっしゃいますか。／您出席明天的晚会吗？

◆ お客様はみな会場にいらっしゃいました。／嘉宾都已经来到会场。

◆ 李先生はいらっしゃいますか。／李老师在吗？

② おっしゃる（「言う」的尊他语）

◆ まったくおっしゃるとおりです。／正如您所说的那样。

◆ 失礼ですが、お名前は何とおっしゃいますか。／不好意思，请问您怎么称呼？

③ なさる(「する」的尊他语)

◆ 何もなさらなくて結構です。／请您什么都不要做。

◆ そんなにご心配なさらないでください。／请不要那么担心。

◆ 早くお電話なさったほうがいいと思います。／还是早点打电话为好。

④ 下さる(「くれる」的尊他语)

◆ 先生がわたしたちに旅行のお土産をくださった。／老师送给我们旅行时带回来的土特产。

◆ わざわざおいでくださって恐縮です。／麻烦您特意来一趟，实在不好意思。

⑤ 致す(「する」的自谦语)

◆ 皆さんのためなら、何でも喜んで致します。／为了大家，我做什么都心甘情愿。

◆ 私は喜んでそう致します。／我很愿意那么做。

⑥ 伺う(「聞く」「尋ねる」的自谦语)

◆ ご感想をうかがうことができれば幸いです。／如果能听您谈谈感想，我将感到不胜荣幸。

◆ きっとおうかがいします。／我一定去拜访您。

⑦ 御座る(「居る」「ある」「行く」「来る」的尊他语，「ある」的礼貌语(丁寧語))

◆ 先生にお願いがございまして、今日伺いました。／今天我来，是有点儿事拜托老师。

◆ そんな事はございません。／没有那种事的。

※ 「行く」的自谦语是「参る」，「いう」的自谦语是「申す」。

※ 「いらっしゃる」「なさる」「おっしゃる」「くださる」和「ござる」的连用形、命令

形是将词尾「る」变成「い」，如「いらっしゃい」「なさいます」「ください」「～な さい」。这是一种特殊的词形变化。

❸ 尊他语句型

① お（ご）～になる

接续： お＋五段动词第一连用形、一段动词连用形＋になる

　　　　ご＋サ变动词词干＋になる

解说： 表示对对方或话题人物的尊敬。尊敬程度高于「れる」「られる」。

◆ お正月は日本へお戻りになりますか。／您正月回日本吗?

◆ ご心配になったでしょう。／您担心了吧。

② お（ご）～なさる

接续： お＋五段动词第一连用形、一段动词连用形＋なさる

　　　　ご＋サ变动词词干＋なさる

解说： 表示对对方或话题人物的尊敬。尊敬程度略高于「お（ご）～になる」。

◆ お正月は日本へお戻りになりますか。それとも中国国内をご旅行なさるので しょうか。／新年您是回日本，还是在中国旅行呢?

◆ 先生は今日本古代史をご研究なさって（いらっしゃ）います。／老师正在进行 日本古代史的研究。

③ お（ご）～くださる

接续： お＋五段动词第一连用形、一段动词连用形＋くださる

　　　　ご＋サ变动词词干＋くださる

解说： 表示对为自己或自己一方的人做有益或有关联之事的人的尊敬。比「～ てくださる」的尊敬程度更高一些，也更郑重一些。也可以「お（ご）～く ださい」的形式表示有礼貌地对人进行劝诱、请求，译为"请……"。

◆ お許しくださるようお願いします。／恳请您的宽恕。

◆ わたしどもの気持ちをご理解くださいませんか。／希望您能理解我们的心情。

◆ ご両親に、くれぐれもよろしくお伝えください。／请向令尊转达问候。

❹ 自谦语句型

① お（ご）～する

接续： お＋五段动词第一连用形、一段动词连用形＋する

ご＋サ变动词词干＋する

解说： 通过自谦的方式表示对对方或话题人物的尊敬。

◆ これは先生のお荷物ですね。お持ちしましょう。／这是老师的行李吧。我来给您拿吧。

◆ あのう、ちょっとご相談したいことがあるのですが。／对不起，我有件事想跟您商量一下儿。

② お（ご）～いたす

接续： お＋五段动词第一连用形、一段动词连用形＋いたす

ご＋サ变动词词干＋いたす

解说： 通过自谦的方式表示对对方或话题人物的尊敬。此句型比「お（ご）～する」在语气上更谦和一些。

◆ 完成したらすぐお送りいたします。／完成之后，我会马上寄给您。

◆ 万里の長城をご案内いたしましょう。／由我来为您做向导游览长城吧。

※ 有些语法学者把表示客气的表达方式「丁寧語」，或称「丁重語」（以「です」「ます」结尾），也列入到敬语的范畴。

② ～ところだ／正要……；正在……；刚刚……

❶ **接续：** 动词连体形＋ところだ

解说： 表示将要进行某种动作。相当于汉语的"正要……""刚要……"。

◆ 今、出掛けるところです。／现在正要出门。

◆ ちょうど彼に電話をするところです。／我正要给他打电话呢。

❷ **接续：** 动词第二连用形ている＋ところだ

解说： 表示正在进行某种动作。相当于汉语的"正在……"。

◆ 実は、僕、来年中国の大学院に留学しようと考えているところでして。／其实，我正在考虑明年去中国的大学留学，读研究生。

◆ 今は、本を読んでいるところです。／现在正在读书。

◆ みんなは今、食事をしているところです。／现在大家正在吃饭。

❸ **接续：** 动词第二连用形た＋ところだ

解说： 表示某种动作刚刚完成。相当于汉语的"刚刚……"。

◆ 午後の授業が終わったところだ。／下午的课刚结束。

◆ 父は会社から帰ってきたところです。／父亲刚从公司回来。

◆ 飛行機は今、飛び立ったところです。／飞机现在刚刚起飞。

3 ～て御覧／请……试试，请……看

接续： 动词第二连用形＋て御覧

解说：「御覧」是名词，「見る」（看）的敬语。「～てごらん」意为「～てみなさい」。可译为"请……试试""请……看"。句型后面也可与「なさい」「ください」连接使用。另外，「御覧」还可以单独使用。

◆ じゃあ、高橋君の研究計画を話してごらん。／高桥，说说你的研究计划吧。

◆ この果物はとても美味しいから食べてごらんなさい。／这个水果很好吃，请尝一下吧！

◆ ちょっと来てごらん。ひまわりの花が咲いたよ。／快来看，向日葵开出漂亮的花儿啦！

◆ その会社の電話番号を知りたいなら、電話局へ問い合わせてごらん。／要想知道那个公司的电话号码，请询问一下电话局。

◆ ご覧の通り、この町には犬も猫も殆どいません。／如您所见，这座城镇很少有猫狗。

4 ～て（で）は／要是……的话，如果……那么……

接续： 形容词连用形、动词第二连用形＋ては（体言、形容动词词干＋では）

解说： 表示条件。经常与后面消极的语气相呼应，表示说话人并不期待的后果。可译为"要是……的话""如果……那么……"。

◆ 雨に降られては大変だから、さっさと帰ろうよ。／被雨淋的话可不好受，快回去吧。

◆ こんなに品質が悪くては誰も買わないだろう。／如果质量这么差，谁都不会买的。

◆ 毎日インスタントラーメンでは、体を壊しますよ。／每天吃方便面会搞坏身体的。

◆ 病院が嫌いでは、病気かどうか調べることさえできません。／要是你不喜欢医院的话，你连是否生病都无从得知。

🐭 **関連語彙**

作法① ➡ 法令⓪・法則⓪・法学⓪・法律⓪・国際法⓪

資料① ➡ 資格⓪・投資⓪・物資①・資質⓪・外資①

選手① ➡ 選挙①・選出⓪・入選⓪・当選⓪・落選⓪

教授⓪ ➡ 教師①・教材⓪・教養⓪・仏教①・宗教①

練習

❶ 次の単語に読み仮名を付けてください。

① 維持　② 教授　③ 気楽　④ 失礼　⑤ 承知

❷ 次の仮名の漢字を書いてください。

① さほう　② ちつじょ　③ すいせんじょう　④ かしこまる　⑤そんけいご

❶ 文章内の空欄に入るもっともふさわしい言葉を、次の①〜⑤からそれ
ぞれ選んで書いてください。

① すぐに　② よく　③ こと　④ する　⑤ 少しでも

　外国人は（　　）、「日本人は礼儀正しい」と言う。日本では、スポーツ大
会などで選手が誰もいないグラウンドに礼をしたり、電車の中で（　　）人に
迷惑をかけるようなことがあれば（　　）「すみません」と言ったり（　　）。
これらは日本人が礼儀を重んじている（　　）の表れだろう。

❷ 次の（　　）に入る助詞を書いてください。

① 目上の人（　　）、あまり親しくない人と話す時は、尊敬語や丁寧語など
を使うこと（　　）必要である。

② しかし敬語を身に付けなければ、日本語を習得したと（　　）言えない。

③ 敬語は難しいから嫌だと思わず（　　）、気楽に勉強してみてはどうだろ
うか。

④ 実（　　）、僕、来年中国の大学院に留学しようと考えているところでし
て。

⑤ 先生に推薦状を書いていただけない（　　）と思いまして。

三　文型練習

❶ ＿＿＿＿＿＿＿＿＿＿＿＿＿＿＿＿＿＿＿＿＿（自谦语）。

　　a. 私は明日、行く

　　b. 私は先生のご意見[1]を聞く

　　c. 私の考え方を言う

❷ ＿＿＿＿＿＿＿＿＿＿＿＿＿＿＿＿＿＿＿＿＿（尊他语）。

　　a. 先生は午後教室に来る

　　b. 社長[2]は「頑張れ」と言った

　　c. 前田教授は電話をしている。

❸ ＿＿＿＿＿＿＿＿＿＿＿＿＿＿＿＿＿てごらん。

　　a. このプロジェクトを詳しく説明する

　　b. これからどんな仕事をしたいかについて話す

　　c. とても美味しいから、食べる

❹ ＿＿＿＿＿＿＿＿＿＿＿＿ては（では）＿＿＿＿＿＿＿＿＿。

　　a. こんなに重い[3]　　　　　　持てない

　　b. そう言われる　　　　　　　もう断れ[4]ない

　　c. このようなひどい[5]天気　　どこにも行きたくない

（単語）

1 意見①【名・自サ】意见，见解

2 社長⓪【名】社长，总经理，董事长

3 重い⓪【形】沉重，重

4 断る③【他五】拒绝

5 酷い②【形】严重；过分

四　質問練習

以下の質問に日本語で答えてください。

① 日本語の敬語についてどう思いますか。

② お年寄り¹と話すとき、気をつけていることはありますか。

③ 日本では、自分の祖父に対して敬語を使う必要があると思いますか。

④ 「行く」「来る」「いる」の尊敬語はすべて同じ言葉です。何というか知っていますか。

⑤ 今、習って²いる趣味やスポーツがありますか。

（単語）

1 お年寄り⓪【名】老年人

2 習う②【他五】学习，练习

五　読解練習

自分の人生を生きて¹いる？

　先日²テレビをつけたら、ちょうどあるドラマ³の最終話⁴のシーン⁵だった。主役⁶の若い男性が「自分の人生を生きていきたい」と宣言⁷していた。なかなか感動⁸的なシーンだったが、この言葉の意味合い⁹はかなり曖昧¹⁰ではないかと思う。

　そもそも「自分の人生を生きる」とは、どういうことだろうか。自己判断、自己意識¹¹、自分の選んだ人生の道を歩む¹²ということだろうか。しかし、人間には選ぶことができないことが多い。というより、大きな選択¹³がある場合、人間はほとんど選ぼうとしていない。選ぶ意志¹⁴さえ湧いて¹⁵こないケース¹⁶がある。

　まず、自分の親を選ぶことができない。そして育て¹⁷られ方も選べない。小学校は普通、近所の小学校にしか通うことができないし、中学校も

また同じである。大学や専門分野[18]なら選べるように思われるが、実際には親や世間[19]の見方[20]に左右[21]されて選ばされることが少なくない。恋人[22]は「何となく付き合い始めた」、つまり「なるようになった」相手が少なくないし、就職は選ぶより選ばれるケースが多い。ほとんどの人が親や周りの人の声を聞きながら、生活の流れに身を任せて[23]いる。平凡[24]そうな人生にはなるが、決して不幸[25]な人生とは限らないだろう。

　無理して「自分の人生を生きる」ことにこだわら[26]なくても、いいかもしれない。

次のことについて考えてみてください。

① 「自分の人生を生きている」ということは、あなたにとって、どんなことでしょうか。話し合ってみてください。

② あなたは今、自分の人生を生きているでしょうか。感想を述べてください。

③ これからの人生で大きな選択をしなければならないのは、どんなときだと思いますか?

単語

1	生きる②【自一】活；生活	14	意志①【名】意志，决心
2	先日⓪【名・副】前几天	15	湧く⓪【自五】涌现，产生
3	ドラマ①【名】电视剧，戏剧	16	ケース①【名】事例；场合，情形
4	最終話③【名】最后一集	17	育てる③【他一】培养，教育
5	シーン①【名】场面，情景	18	分野①【名】领域，范围
6	主役⓪【名】主演	19	世間①【名】世间，社会
7	宣言③【名・他サ】宣言	20	見方②【名】看法，见解
8	感動⓪【名・自サ】感动	21	左右①【名・他サ】左右，支配
9	意味合い⓪【名】意义，含义	22	恋人⓪【名】恋人
10	曖昧だ⓪【形動】暧昧，含糊	23	任せる③【他一】听凭，任凭
11	意識①【名】意识	24	平凡⓪【名・形動】平凡
12	歩む②【自五】行，走路	25	不幸②【名・形動】不幸
13	選択⓪【名・他サ】选择	26	拘る③【自五】拘泥

六　聴解練習　🔊

❶ 次の会話を聞いて質問に答えてください。

質問：男性が注文していないものはどれですか。

　① ランチセット　　　② 子供用の食事　　　③ オムライス　　　④ お茶

（単語）

1 席①【名】席，座席，座位
2 案内③【名・他サ】引路，带路
3 メニュー①【名】菜单
4 決まる⓪【自五】决定；规定
5 ステーキ②【名】牛排
6 ランチ①【名】午饭，午餐
7 オムライス③【名】蛋包饭
8 アイスティー④【名】冰红茶
9 少々①【副】稍稍，稍微
10 〜用【接尾】……用的，用于……
11 お茶⓪【名】茶

❷ 次の文を聞いて質問に答えてください。

質問：敬語はどんな言葉だと言っていますか。

　① 日本社会で最も重要なものです

　② 相手を敬う気持ちが入っています

　③ 尊重語・謙譲語・丁重語の三種類があります

　④ 失礼な人は使いたがりません

（単語）

1 種類①【名】种类
2 コミュニケーション④【名】沟通，交流
3 円滑だ⓪【形動】顺利，圆满
4 行う⓪【他五】进行，举行
5 与える⓪【他一】给，给予
6 敬う③【他五】敬，尊敬，恭敬
7 丁重だ⓪【形動】庄重，恭谨

「土下座」

　　日本的影视剧或动漫作品中时常会出现人五体投地下跪道歉的场景，这个动作在日语里叫「土下座」，《广辞苑》（第六版）上写道："为了表示对对方的顺从之意，跪在地上行礼。"「土下座」属于日本礼仪的形态之一，现今常用于道歉与谢罪的场合。

　　在行「土下座」礼时，首先做类似正座的姿势，双膝并拢跪地，抬头挺胸，双手聚拢放于大腿之上，然后双手成内八字向前贴地，在大声致歉或谢罪的同时，身体前倾，脸朝下直到额头触地。日本古代时，「土下座」是一种向贵族表示恭敬的方式。据《魏志·倭人传》记载，邪马台国的百姓"见大人所敬，但搏手以当跪拜"。一直到江户幕府时期，百姓向路过的大名行此礼也是平常之事。据推测，以请求与谢罪为目的的「土下座」在平民中广泛传播的时间大约是在日本大正时代后期，当时的人们以「土下座」的方式表达最深的歉意。因此，一旦有人以「土下座」的方式道歉时，一般都会得到原谅。到了现代，这样的行礼方式则非常罕见，人们轻易不会做出。

　　另一方面，随着一些日本国会议员将「土下座」当成是一种政治上的表演，综艺节目、动漫中常对「土下座」进行调侃，日本人也渐渐开始反思这种道歉形式是否有意义。

　　除了「土下座」之外，日本还有许多礼仪姿势。比如在榻榻米用餐时需"正坐（跪坐）"、与人见面时行鞠躬礼、接名片时双手接过等等。其中，鞠躬根据弯腰程度不同，又可分为"颔首礼""敬礼"和"最敬礼"。日常生活中问候、与人擦肩而过时行弯腰15度的"颔首礼"即可，"敬礼"需弯腰30度，"最敬礼"一般弯腰45度，有时甚至可以到90度。在日本，不同场景下的礼仪动作在人们之间已经成为约定俗成的规则，几乎成了条件反射的行为。正如日本传统礼仪文化学者仓林正次指出的那样："这种无限循环的方式在某种程度上形成了被称为身体技法的映射式反应，在各种情境之下传统礼仪规范会自发涌出。"这样也就不难理解日本人在打电话时虽然对方无法看见，却依然点头鞠躬的动作了。

课文会话译文

❋ 第9课 敬语

课文

外国人常说"日本人很有礼貌"。在日本，在体育大赛等比赛中，运动员们会在空无一人的操场上行礼，在电车中（人们）稍有给别人添了麻烦的事就会马上说"对不起"。这些都是日本人重视礼仪的表现吧。

礼仪是"为了维持人际关系和社会生活的秩序而不可或缺的行为、礼法和敬意的表达方式"。在重视礼仪的日本社会，与人对话时也要考虑敬语（的使用）。和长辈或不太熟的人说话时，需要使用尊敬语和礼貌语。

在外国人看来，敬语很难，可能会产生"如果可以，那就不学敬语"的想法吧。但是，如果不学会敬语，就不能说学会了日语。因为在日语中礼仪已经根深蒂固了。例如，"欢迎光临"、吃饭前说的"我开始吃了"、「です、ます」等，都是日本人每天使用的敬语。不要因为敬语很难就觉得讨厌，试着轻松地去学习怎么样？

会话

登场人物：

铃木干雄（男），樱花国际大学教授

高桥贤人（男），樱花国际大学的日本学生

田中英寿（男），樱花国际大学行政人员

◆在铃木教授的研究室里。

高桥：（咚咚）铃木老师，您在吗？

铃木教授：在的，请进！

高桥：失礼了。老师，您好。

铃木教授：啊，下午的课刚结束。怎么了？

高桥：其实，我正在考虑明年去中国的大学留学，读研究生。

铃木教授：是吗？那是好事啊。

高桥：所以，今天我来，是有点儿事拜托老师。

铃木教授：是推荐信吗？

高桥：是这样的。我想请老师帮我写一封推荐信。

铃木教授：啊，好啊。

高桥：谢谢！

铃木教授：那么，高桥，说说你的研究计划吧。

（咚咚）

行政人员：对不起！铃木教授，您知道教授会议的时间吗？

铃木教授：啊，糟糕！我忘记有教授会议了。高桥，很抱歉，请把推荐信的资料发邮件给我好吗？

高桥：知道了。

铃木教授：田中，抱歉让大家久等了。请转告大家我马上就过去。

行政人员：好的，知道了。

第10課 お客様の怒り

本文

　人は誰でも間違いをしたり、うっかりミスをしたり、悪気がないにもかかわらず人を不快にしたりすることがある。そういう時には、謝罪しなければならない。謝罪の方法は色々あるが、謝罪はそんなに簡単なことではない。起こったことについて謝罪しているつもりだが、謝り方を間違えてしまうと、更に相手を怒らせてしまう場合もある。

　だから、相手を怒らせることなく、謝罪する方法を知っておく必要がある。「正しい謝罪」に関する本によると、相手に許してもらえる正しい謝り方は以下の通りである。

・こちらに非があることを認め、謝罪の言葉を言うこと。
・言い訳をしないこと。
・相手の感情や状況、立場を思いやること。
・最後にもう一度謝罪すること。

　勿論、全てこちらが悪いとは言えない場合もあるだろう。こうなったのには理由があることを説明したくなったり、自分にも被害があったと伝えたくなったりするだろう。しかし、謝罪する時はそんな気持ちをぐっと堪えて、謝罪だけをする方がよい。なぜなら、こちらの事情を一生懸命説明したところで、怒っている相手にはそれが全て言い訳に聞こえてしまうかもしれないからだ。謝罪はまず相手の怒りを鎮めることがなによりも重要だろう。

新しい単語

❶ 怒り ⓪	【名】	anger	怒，愤怒
❷ 間違う ③	【自他五】	make a mistake	弄错，有误
❸ うっかり ③	【副・自サ】	carelessly	无意中，不留神
❹ ミス ①	【名・自他サ】	mistake	差错，过失
❺ 悪気 ⓪	【名】	malice	恶意，歹意
❻ そういう⓪	【連体】	such	那样的
❼ 謝罪 ⓪	【名・自他サ】	apology	道歉，谢罪
❽ 起こる ②	【自五】	happen	发生，产生
❾ 間違える ④	【他一】	make a mistake	弄错，搞错
❿ 以下 ①	【名】	the following, below	以下
⓫ 非 ①	【名】	fault	错误，缺点
⓬ 認める ⓪	【他一】	allow; recognize	同意，认可；认为，认定
⓭ 言い訳 ⓪	【名・自サ】	excuse	辩解，借口，说辞
⓮ 感情 ⓪	【名】	feeling, emotion	感情，情绪
⓯ 立場 ③	【名】	position, situation	立场，处境
⓰ 被害 ①	【名】	harm, damage	受害，受灾
⓱ ぐっと ⓪	【副】	intensely	激动地，强烈地
⓲ 堪える ③	【他一】	put up with	忍受，忍耐

⑲ 事情 ⓪	【名】	situation; reason	情形，情况；原因
⑳ まず ①	【副】	first of all	先，首先，最初
㉑ 鎮める ③	【他一】	calm	使……平静，使……镇静
㉒ 何より ①	【名・副】	more than anything	比什么（都好），再好不过，最好

会話

デリバリーサービスのカスタマーセンター (CS) の係員（かかりいん）

デリバリーサービスの利用客（りようきゃく）

◆デリバリーサービスの利用客（りようきゃく）がカスタマーセンターにクレームの電話（でんわ）をしている。

CS：はい、お電話（でんわ）ありがとうございます。デリバリーサービス、田中（たなか）が 承（うけたまわ）ります。

利用客（りようきゃく）：もしもし、さっきデリバリーしたうどんが食（た）べられない状態（じょうたい）なんだけど。

CS：大変申（たいへんもう）し訳（わけ）ございません。お客様（きゃくさま）、火傷（やけど）などお怪我（けが）はございませんでしたか。

利用客（りようきゃく）：それは、大丈夫（だいじょうぶ）です。

CS：かしこまりました。お届（とど）けいたしました商品（しょうひん）はどのような状態（じょうたい）でしたか。

利用客（りようきゃく）：全部容器（ぜんぶようき）から出（で）てしまっているんだよ。これじゃ食（た）べるわけにはいかないじゃないか。

CS：大変申（たいへんもう）し訳（わけ）ございません。

利用客（りようきゃく）：それに配達員（はいたついん）の態度（たいど）も良（よ）くなかった。テレビで「丁寧（ていねい）にお届（とど）けします」って言（い）ってるわりには、全然（ぜんぜん）そうじゃなかったよ。

CS：大変申し訳ありません。お客様がお怒りになるのは当然でございます。配達員には厳しく指導いたします。今回のご注文に関して、もう一度お料理をお届けすることをご希望でしょうか、それともご返金をご希望でしょうか。

利用客：もう一度作り直して届けてください。

CS：承知いたしました。それではこちらにてすぐに手配いたします。お料理のお届けは４０分後の予定です。

利用客：早くしてくださいよ。

CS：かしこまりました。この度は誠に申し訳ございませんでした。お電話、ありがとうございました。

新しい単語

❶ 承る ⑤	【他五】	hear	（自谦语）聆听，恭听
❷ もしもし ①	【感】	(on the phone) hello	（打电话时）喂
❸ 饂飩 ⓪	【名】	udon noodles	乌冬面，日式粗面条
❹ 状態 ⓪	【名】	condition	状态，情况
❺ ～様 ①	【接尾】	Mr., Ms.	令，尊，贵
❻ 火傷 ⓪	【名・自サ】	burn, scald	烧伤，烫伤
❼ 怪我 ②	【名・自サ】	injury	伤，受伤
❽ 届ける ③	【他一】	deliver	送到，送达
❾ 容器 ①	【名】	container	容器
❿ 配達 ⓪	【名・他サ】	delivery	送，投递
⓫ ～員 ①	【接尾】	member	……人员，……员
⓬ 態度 ①	【名】	attitude, manner	态度，神态

⑬ 当然 ⓪	【名・副・形动】	of course	当然，应该
⑭ 指導 ⓪	【名・他サ】	guidance	指导，引导，指教
⑮ 注文 ⓪	【名・他サ】	order	订，订购，订货
⑯ 希望 ⓪	【名・他サ】	hope	希望
⑰ それとも ③	【接】	or	或者，还是
⑱ 返金 ⓪	【名・自サ】	refund	退钱，还款，还钱
⑲ 作り直す ⑤	【他五】	make...over	改作，改造，代替旧的重新做
⑳ 手配 ①	【名・自他サ】	arrange; search	准备，安排；通缉
㉑ 度 ②	【名】	time	次，回
㉒ 誠 ⓪	【名・形动】	faith	真诚，诚意

覚えましょう 🔊

❶ 安心 ⓪【名】安心

❷ 興奮 ⓪【名】兴奋

❸ 冷静 ⓪【名】冷静

❹ 恐怖 ①【名】恐怖

❺ 恐れる ③【自他一】害怕，恐怕

❻ 後悔 ①【名】后悔

❼ 苦しい ③【形】痛苦的，烦闷的

❽ 辛い ⓪【形】辛苦的，痛苦的

❾ 楽観 ⓪【名】乐观

❿ 悲観 ⓪【名】悲观

文法解説

1 〜に関する／关于……，对于……

接続： 体言＋に関する

解説： 表示与某事物相关、有关联。可译为"关于……""对于……"。「関する」是サ变自动词，多用于书面语言中。常用的表达方式有「〜に関して」「〜に関しては」「〜に関しても」。

◆「正しい謝罪」に関する本によると、相手に許してもらえる正しい謝り方は以下の通りである。／一本关于"正确道歉"的书所说的能得到对方原谅的正确道歉方法如下。

◆入学試験に関しては、各学部に直接お問い合わせください。／关于入学考试的事，请直接向各系咨询。

◆信仰に関して起こる対立は解決するのがなかなか難しいものだ。／由关于信仰而引起的纠纷，解决起来很不容易。

2 〜割に（は）／与……相比，则……

接続： 体言の、用言連体形＋割に（は）

解説： 表示前后项相比不相符或不成比例。可译为"与……相比，则……""虽然……但是……"。「割」是名词，意为"比例"，加上「に」构成副词，有时也以「〜割には」的形式出现。

◆テレビで「丁寧にお届けします」って言ってるわりには、全然そうじゃなかったよ。／电视上说"我们会细致周到地送餐上门"，其实完全不是这样的。

◆あの事件は新聞やテレビで盛んに報道されている割には一般の市民の関心は薄いようだ。／对于那个事件，报纸、电视等都做了大量的报道，与此相比，一般的市民对它却似乎不太关心。

◆石田さんは30歳の割には老けているね。／石田按其30岁的年龄来说，倒是有些显老。

◆あのバイクは見かけがいい割には、性能は今ひとつだ。／那个摩托，外观不错，相比之下性能方面还差一点儿。

❸ 〜ことなく／不……而……，未……就……

接続：动词连体形＋ことなく

解说：表示前项没有出现预期可能出现的事态，在这种条件下进行后项的动作或行为。可译为"不……而……""未……就……"。多用于书面语言中，有时也使用「〜こともなく」的形式。「こと」是形式体言，没有实质意义。类似的句型有「〜ないで」「〜ず(に)」。

◆ 相手を怒らせることなく、謝罪する方法を知っておく必要がある。／有必要知道不激怒对方的道歉方法。

◆ 松尾さんは一度も帰郷することなく、この世を去った。／松尾未再度踏上故乡的土地，便离开了人世。

◆ 彼は度重なる失敗にもめげることなく、実験を続けた。／他不屈服于多次的失败，继续进行了试验。

◆ 理恵子は何度も受験したが、ついに合格することなく、諦めてしまった。／理恵子几次参加考试，每次都名落孙山，最终还是放弃了。

◆ 努力することもなく成功するという夢は、あくまでも夢でしかない。／无须努力即可成功的美梦，到头来也只能是一场梦。

❹ 〜にて／在……，于……

接続：体言＋にて

解说：「にて」是助词，表示时间、地点、原因、手段等。是郑重的书面用语，口语中多使用「で」。

◆ それではこちらにてすぐに手配いたします。／那么我们这边马上安排。

◆ そろそろお時間ですので、本日はこれにて閉幕致します。／时间已到，今天就此闭幕。

◆ 書面にてご対応させていただく場合もございます。／也有时会以书面形式应对。

◆ 講演会は市民ホールにて執り行う。／讲演会在市民大厅举行。

◆ 会場係は当方にて手配いたします。／会场工作由我方安排。

5 ～にもかかわらず／虽然……但是……，尽管……却……

接续： 名词、用言终止形（形容动词词干）+にもかかわらず

解说： 表示转折，后项事情与前项相反或者相矛盾。相当于汉语的"虽然……但是……""尽管……却……"。

◆ 人は誰でも間違いをしたり、うっかりミスをしたり、悪気がないにもかかわらず人を不快にしたりすることがある。／每个人都会犯错，或是不小心失误，或是明明没有恶意却让别人感到不快。

◆ 努力しているにもかかわらず、全然効果が出ない。／尽管努力了，但是没有任何效果。

◆ 祝日にもかかわらず、会社で仕事をした。／尽管是节日，但还是在公司上班了。

◆ 熱があるにもかかわらず、学校に行った。／虽然发着烧，却还是去了学校。

◆ 多くの人が不可能だと思っているにもかかわらず、あの人はその研究を諦めようとしない。／尽管很多人认为这是不可能的，但他却不肯放弃这项研究。

6 ～こと／须……，必须……

接续： 动词连体形、动词否定式+こと

解说： 表示命令、规定，是书面用语。可译为"须……""必须……"。类似的表达方式有「～なさい」。

◆ こちらに非があることを認め、謝罪の言葉を言うこと。／承认自己有错，说道歉的话。

◆ 授業に欠席する時は前もって担当の先生に連絡すること。／上课缺勤时，须事先同任课老师取得联系。

◆ 期末レポートは、横書き400字詰め原稿用紙5枚までとすること。／期末的报告，须用横格400字的稿纸，写5页以内。

◆ この学校の体育館には土足で入らないこと。／这个学校的体育馆不能穿鞋进入。

関連語彙

注文⓪　➡　注意①・注射⓪・注入⓪・注解⓪・脚注⓪

被害①　➡　災害⓪・有害⓪・害虫⓪・傷害⓪・殺害⓪

容器①　➡　器量①・器械②・武器①・注射器③・変圧器④

当然⓪　➡　突然⓪・公然⓪・断然⓪・必然⓪・不自然②

練習

一 単語練習

❶ 次の単語に読み仮名を付けてください。

① 承る　　② 希望　　③ 怪我　　④ 返金　　⑤ 配達

❷ 次の仮名の漢字を書いてください。

① てはい　② ちゅうもん　③ たいど　④ ようき　⑤ やけど

二 文法練習

❶ 文章内の空欄に入るもっともふさわしい言葉を、次の①〜⑤からそれぞれ選んで書いてください。

① について　② にも拘わらず　③ つもり　④ ことがある　⑤ 場合

　人は誰でも間違いをしたり、うっかりミスをしたり、悪気がない（　　）人を不快にしたりする（　　）。そういう時には、謝罪しなければならない。謝罪の方法は色々あるが、謝罪はそんなに簡単なことではない。起こったこと（　　）謝罪している（　　）だが、謝り方を間違えてしまうと、更に相手を怒らせてしまう（　　）もある。

❷ 次の（　　）に入る助詞を書いてください。

① 相手（　　）怒らせることなく、謝罪する方法を知っておく必要（　　）ある。

② 勿論、全てこちらが悪いとは言えない場合もあるだろう。こうなったのには理由があることを説明したくなったり、自分（　　）も被害（　　）あったと伝えたくなったりするだろう。

③ なぜなら、こちらの事情を一生懸命説明したところ（　　）、怒っている相手にはそれが全て言い訳（　　）聞こえてしまうかもしれないからだ。

④ はい、お電話ありがとうございます。デリバリーサービス、田中（　　）承ります。

⑤ 今回のご注文に関して、もう一度お料理をお届けすること（　　）ご希望でしょうか、それとも…。

三　文型練習

❶ _____に関する_____。

a. 経済　　　　　　　　　本はたくさんある

b. これは注文情報　　　　メールだ

c. これは心理学[1]　　　　ドラマだ

❷ _____割に、_____。

a. 高橋さんは留学の経験がない　　　英語の発音がきれいだ

b. この靴は高い　　　　　　　　　　よく売れる[2]

c. 同僚[3]は忙しいと言っている　　　仕事中によくスマホを見ている

❸ _____ことなく、_____。

a. 彼は休日も休む　　　　　働いた

b. あなたのことを忘れる　　今も覚えている

c. 誰にも伝える　　　　　　東京に引っ越すことにした

❹ _____にて_____。

a. 合格者[4]は文書[5]　　　　　　　　　　発表[6]する

b. 駅前[7]のデパートが今月末[8]　　　　　閉店[9]する

c. 先生の受賞[10]パーティーはさくら会館　　開催の予定だ

❺ ＿＿＿＿＿＿＿＿＿＿にもかかわらず、＿＿＿＿＿＿＿＿＿＿。

a. 今日は雨[11] 　　　　大会は中止[12]にならなかった

b. あまり勉強しなかった 　　いい成績が取れた

c. 台風が近づいてきている 　会社は休みにならなかった

❻ ＿＿＿＿＿＿＿＿＿＿＿＿＿＿＿＿＿＿こと。

a. 図書館では大声で話さない

b. 現場[13]で撮影[14]しない

c. 運動場[15]でタバコを吸わない

（単語）

1	心理学③【名】心理学	9	閉店⓪【名・自サ】闭店，关门，停止营业
2	売れる⓪【自一】(商品)畅销		
3	同僚⓪【名】同事	10	受賞⓪【名・他動】获奖，得奖
4	合格者④【名】合格的人	11	雨①【名】雨；下雨
5	文書①【名】文书，文件	12	中止⓪【名・他サ】停止进行
6	発表⓪【名・他サ】发表，宣布，揭晓	13	現場⓪【名】现场
7	駅前③【名】(车)站前	14	撮影⓪【名・他サ】摄影，照相
8	～末【接尾】……底，……末	15	運動場⓪【名】运动场，操场

四 質問練習

以下の質問に日本語で答えてください。

① デリバリーサービスを使うのはどんな時ですか。

② 現代の日本に関する情報をどうやって知りますか。

③ 値段が安いわりにおいしいものを一つ挙げてください。

④ ダイエット[1]しているにもかかわらず効果が出なかったら、どうしますか。

⑤ あなたの寮には、どんな規則がありますか。「～こと。」という形式で挙げてください。

単語

1 ダイエット①【名】减肥，减重

五　読解練習

虫[1]を食べる人

　皆さんは誰かに招待[2]された食事会で、バッタ[3]やコオロギ[4]の料理が出されたら、平気[5]な顔[6]で「いただきます」と言って食べられるだろうか。それとも「何だこれは！」と絶叫[7]して箸を投げる[8]だろうか。この世界には虫をおつまみ[9]にして普通に食べている人々がたくさんいることを、知っているだろうか。

　仕事でカンボジア[10]に行ったことがある。昼間[11]は事務所[12]に閉じこもって[13]いて、夜はホテル[14]に滞在[15]し、食事もほとんどホテルで済ませたので、タクシーの中から町の様子を覗いた[16]だけにすぎない。ある日現地[17]調査で、町外れ[18]の村[19]に向かった。村の人々に温かく迎えられ、お茶とお菓子を出されたが、その最初の一品は、なんと、油[20]で揚げた[21]バッタやコオロギであった。案内[22]してくれたティムという現地のスタッフ[23]は何気なく[24]それを口に入れてガリガリ[25]と噛んで[26]いた。

　その日の仕事は順調[27]に終わった。しかし、最後までもコオロギを口に入れる勇気は湧いてこなかった。皿[28]に載っていたコオロギを見た瞬間[29]に感じたものはカルチャーショック[30]としか呼べないだろう。中国人である私はもともと[31]生の魚なんかを食べたことはなかったが、若いころ日本に留学したときに、初めて刺身が出されてもちゃんと食べることができた。初めての刺身は食べたものの、初めてのコオロギは最後まで食べられなかった。それはなぜだろうか。その後何度も当時の自分を振り返って[32]みたが、今でもその理由がはっきり分からないのだ。

　その後は一度も虫料理を食べるチャンス[33]がなかった。少し残念に思っている。

次のことについて考えてみてください。

① 作者は「その後は一度も虫料理を食べるチャンスがなかった」ことについて、「少し残念」だと言っていますが、それはなぜですか。話し合ってみてください。

② 「初めての刺身は食べたのに、初めてのコオロギは食べなかった」のは、なぜだと思いますか。話し合ってみてください。

③ 「カルチャーショック」という言葉から、自分のこれまでの体験で何か思い出すことはないでしょうか。話し合ってみてください。

┌─ 単語 ─

1 虫⓪【名】虫，昆虫
2 招待①【名・他サ】招待
3 バッタ⓪【名】蝗虫，蚂蚱
4 コオロギ①【名】蟋蟀
5 平気⓪【名・形動】镇定，冷静；无动于衷
6 顔⓪【名】脸；神情
7 絶叫⓪【名・自他サ】尖叫
8 投げる②【他一】投，扔
9 つまみ⓪【名】下酒小菜
10 カンボジア⓪【名】(地名)柬埔寨
11 昼間③【名】白天
12 事務所②【名】办事处
13 閉じこもる④【自五】闭门不出
14 ホテル①【名】宾馆
15 滞在⓪【名・自サ】旅居，逗留
16 覗く⓪【自他五】窥视，露出
17 現地①【名】当地，本地

18 町外れ③【名】郊外
19 村②【名】村，村子
20 油⓪【名】油，油脂
21 揚げる⓪【自他一】油炸；抬，举
22 案内③【名・他サ】引路，带路
23 スタッフ②【名】工作人员
24 何気ない④【形】若无其事的，漫不经心的
25 ガリガリ①【副】咯吱咯吱
26 噛む①【他五】咀嚼
27 順調だ⓪【名・形動】顺利
28 皿⓪【名】盘子，碟子
29 瞬間⓪【名】瞬间
30 カルチャーショック⑤【名】文化冲击
31 もともと⓪【副】原本，原来
32 振り返る③【自一】回头看，回首
33 チャンス①【名】机会

六　聴解練習 🔊

❶ 次の会話を聞いて質問に答えてください。
質問：課長がしたことは何でしたか。次の中から正しくないものを一つ選んでください。

① 課長は男性と打ち合わせに行った

② 課長は男性を叱った

③ 課長は男性を励ました

④ 課長は男性に失望した様子を見せた

（単語）

1 打ち合わせ⓪【名】碰头，商量

2 失敗⓪【名・自サ】失败

3 励ます③【他五】鼓励，激励

4 表情③【名】表情

5 失望⓪【名・自サ】失望

6 寧ろ①【副】索性，宁可，莫如

7 叱る⓪【他五】批评，斥责

8 反省⓪【名・他サ】反省，反思

9 心②【名】心，心情；心胸；想法

10 刺さる②【自五】扎，刺

❷ 次の文を聞いて質問に答えてください。

質問：期待外れな経験とはどのような経験ですか。

① 届いた商品が期待通りだった

② 届いた商品が期待していたような物ではなかった

③ 届いた商品が期待以上によくなかった

④ 届いた商品が期待しすぎてよくなかった

（単語）

1 経験⓪【名・他サ】经验；经历

2 外れ⓪【名】落空，不中

3 評価①【名・他サ】评价，估价

4 騙す②【他五】欺骗，欺瞒

5 広告⓪【名・他サ】广告

6 信じる③【他一】相信

7 後悔①【名・他サ】后悔

《三国演义》在日本

　　《三国演义》（全称《三国志通俗演义》）是中国家喻户晓的古典名著，也是世界文学宝库中的明珠，在海外传播极为广泛。据不完全统计，这部书的外文译本至少有70余种。在日本，三国故事传播历史悠久，也广为日本读者所喜爱。

　　早在日本江户时代初期，《三国演义》在日本人所做的书目中就已出现。目前所知最早的、由湖南文山执笔的日译本《通俗三国志》，完成于1689—1692年间，学界一般认为这部日译本是《三国演义》第一种外译本。该译本以罗贯中所著《三国演义》为底本，也参考了陈寿的《三国志》，并有所增删，所以也被认为更接近于编译著作。此后，日本出现了多位译者、不同版本的《三国演义》，其中既有高度忠于原作的，例如小川环树的《完译三国志》、井波律子的《三国志演义》等；也有在中文原作基础上做了相当改编、侧重于小说某一方面的编译作品，如吉川英治的《三国志》。在日本被誉为"国民作家"的吉川英治，在熟读《三国演义》译作的基础上，于1939—1943年间写出《三国志》一书。因吉川英治并不通中文，所以他的创作更多是在前人译作基础上的改写。在这部书中，吉川英治略去了原作中部分战斗场面描写，将出场人物加以日本化，使中国古典名著更贴近日本文化，成为容易被日本人所接受的大众小说。可以说，吉川英治的《三国志》掀起了现代日本人阅读《三国演义》的高潮，使三国题材成为日本现代文艺创作的一个门类，也极大地塑造了现代日本的"三国观"。

　　吉川英治之后，日本三国题材的作品数不胜数，其中大多数作品因循吉川英治的创作，同时各具特色。各种"私说""爆笑""秘本"三国作品，丰富了三国题材的创作。同时，以漫画、影视、电子游戏为载体的三国作品也成为日本大众文化的重要组成部分。

　　源于中国的三国故事，极大地丰富了日本的文化生活。形式上千变万化的日本三国题材，其故事线索和内容以及基本价值观念则一如中国的原作，这也从另一个角度再次证明，优秀的文化内核自有其强大的生命力，历久弥新。

课文会话译文

🌸 第10课 客户的愤怒

课文

　　每个人都会犯错，或是不小心失误，或是明明没有恶意却让别人感到不快。这种时候，就必须道歉。道歉的方法有很多，但道歉并不是那么简单的事情。虽然打算就发生的事情道歉，但是如果道歉的方式不对的话，也有可能会让对方更加生气。

　　因此，有必要知道不激怒对方的道歉方法。一本关于"正确道歉"的书所说的能得到对方原谅的正确道歉方法如下：

　　·承认自己有错，说道歉的话。

　　·不要找借口。

　　·体谅对方的感情、状况和立场。

　　·最后再一次道歉。

　　当然，(道歉者)有时会产生"这也不能说全都是己方之错"的想法，会想说明事情变成这样是有原因的，或者想告诉对方自己也受到了伤害……但是在道歉的时候，最好忍住这种心情，只进行道歉。为什么这么说呢？因为就算你拼命地说明自己的这些情况，在生气的对方听来也许认为那只是借口而已。道歉首先要平息对方的愤怒，这比什么都重要。

会话

登场人物：

外卖客服中心(CS)的工作人员

点外卖的顾客

◆点外卖的顾客正在向客服中心打电话投诉。

　CS：您好，谢谢您的来电。我是田中，负责外卖配送服务。

顾客：喂，刚才送的乌冬面根本没法吃。

　CS：非常抱歉。这位顾客，请问您有没有烫伤之类的损伤？

顾客：那个倒没有。

CS：好的，知道了。给您送到的商品是什么样的状态呢？

顾客：（面）全都从食盒里流出来了。这样怎么能吃呢？

CS：非常抱歉。

顾客：而且配送人员的态度也不好。电视上说"我们会细致周到地送餐上门"，其实完全不是这样的。

CS：非常抱歉。客人生气是理所当然的。我们一定对配送人员加强管理。关于这次的订单，您是希望再送一次餐呢，还是希望退款呢？

顾客：请再做一次送过来。

CS：知道了。那么我们这边马上安排。您订的餐预计40分钟后送到。

顾客：快点啊！

CS：好的，知道了。这次真的非常抱歉。感谢您的来电。

第11課　SDGs

学習
目標
① 能够描述重大社会问题的主要内容。
② 能用日语针对社会问题表达自己的观点及态度。
③ 理解可持续发展的重要性。

文法
項目
❶ 使役被动态（せられる・させられる）
❷ ～て初めて
❸ ～にかわり・～にかわって
❹ ～恐れがある
❺ ～を～とする

本文

　２０１５年9月の国連会議において「持続可能な開発目標（SDGs＝エス・ディー・ジーズ）」が採択された。SDGsとは、国際社会全体で十数年以内に達成すべき１７の目標のことである。

　SDGsは、私たちの生活にも密接に関係している。例えば、近年、プラスチックのストローにかわり、紙のストローにした店が増えている。これはSDGsをきっかけとして世界の海洋資源保護を目的に、企業が紙ストローにしたことと関係がある。SDGsの目標は、地球上の一つの国だけの努力によって達成できるものではなく、先進国も開発途上国も一丸となって初めて達成できる目標である。

　私たちは行動の一つ一つを真剣に考え直す必要があるのではなかろうか。

図1．持続可能な開発目標（SDGs）の詳細

新しい単語

❶	こくれん 国連 ⓪	【名】	the United Nations	联合国（「こくさいれんごう 国際連合⑤」的简称）
❷	じぞく 持続 ⓪	【名・自他サ】	duration	持续，继续
❸	かいはつ 開発 ⓪	【名・他サ】	development	开发，研制
❹	もくひょう 目標 ⓪	【名】	target	目标
❺	さいたく 採択 ⓪	【名・他サ】	adopt	采纳，通过
❻	こくさい 国際 ⓪	【名】	international	国际
❼	ぜんたい 全体 ⓪	【名】	the whole	全体，全员
❽	～以内 ①	【名】	within	……以内，……之内
❾	たっせい 達成 ⓪	【名・他サ】	achievement	达到，完成
❿	みっせつ 密接 ⓪	【名・自サ・形動】	close	密切，紧密；紧挨着
⓫	プラスチック ④	【名】	plastic	塑料
⓬	ストロー ②	【名】	straw	吸管
⓭	かみ 紙 ②	【名】	paper	纸，纸张
⓮	きっかけ ⓪	【名】	chance	契机，机会
⓯	かいよう 海洋 ⓪	【名】	ocean	海洋

⑯ 資源 ①	【名】	resources	资源
⑰ 保護 ①	【名・他サ】	protection	保护
⑱ 地球 ⓪	【名】	the earth	地球
⑲ ～上	【接尾】	on	上，在……上
⑳ 先進 ⓪	【名】	advance	先进，发达
㉑ ～国	【名】	country	……国，……国家
㉒ 途上 ⓪	【名】	on the way	路上，中途
㉓ 一丸 ⓪	【名】	in unison	一个整体
㉔ 真剣だ ⓪	【名・形动】	serious, earnest	认真，一丝不苟

会話

> **登場人物**（とうじょうじんぶつ）
>
> 唐詩華（とうしか）（女（おんな））、桜国際大学（さくらこくさいだいがく）の中国人留学生（ちゅうごくじんりゅうがくせい）、日本語（にほんご）サークル部員（ぶいん）
>
> 馮志江（ひょうしこう）（男（おとこ））、桜国際大学（さくらこくさいだいがく）の中国人留学生（ちゅうごくじんりゅうがくせい）、日本語（にほんご）サークル部員（ぶいん）
>
> 渡辺翔（わたなべしょう）（男（おとこ））、桜国際大学（さくらこくさいだいがく）の日本人学生（にほんじんがくせい）、日本語（にほんご）サークル部長（ぶちょう）
>
> 伊藤陽向（いとうひなた）（女（おんな））、桜国際大学（さくらこくさいだいがく）の日本人学生（にほんじんがくせい）、日本語（にほんご）サークル副部長（ふくぶちょう）

◆日本語（にほんご）サークルの部室（ぶしつ）にて。

渡辺（わたなべ）：唐（とう）さん、「SDGs」って聞（き）いたことある？

唐（とう）：うん、聞（き）いたことがある。最近（さいきん）、中国（ちゅうごく）でもゴミの分別（ぶんべつ）をしたり、紙（かみ）ストローを使（つか）うようになっているのは、環境（かんきょう）に配慮（はいりょ）しているからだよね。

伊藤（いとう）：SDGsの目標（もくひょう）は、考（かんが）えさせられるものばかりだよね。

馮（ひょう）：環境（かんきょう）だけでなく、貧困（ひんこん）や教育（きょういく）、社会的（しゃかいてき）な不平等（ふびょうどう）について等（など）、色々（いろいろ）な問題（もんだい）が地球上（ちきゅうじょう）にあるからね。

伊藤（いとう）：こういう問題（もんだい）は、放置（ほうち）しておくとどんどん悪（わる）くなる恐（おそ）れがあるものばかりだよね。

渡辺（わたなべ）：僕（ぼく）は海洋（かいよう）ゴミを飲（の）み込（こ）んで死（し）んでしまったイルカのニュースをきっかけに、SDGsについて興味（きょうみ）を持（も）つようになったんだ。

唐：紙ストローをはじめとして、私たちにもできることはもっとあるんじゃない？

渡辺：その通り！だからね、僕は、日本語サークルのみんなでゴミ拾いをしてはどうかと考えているんだ。みんなどう思う？

馮：いいと思う！

伊藤：そうね、とてもいいアイディアだと思う。

唐：じゃ、これから毎週月曜日の部会の前にみんなでやりましょうよ。

渡辺：よし、そうしよう。これから部会で提案してみるよ。

新しい単語

❶	分別 ⓪	【名・他サ】	separate	区分，分类
❷	環境 ⓪	【名】	environment	环境
❸	配慮 ①	【名・自他サ】	care	关怀，照顾
❹	貧困 ⓪	【名・形動】	poverty	穷，贫穷
❺	教育 ⓪	【名・他サ】	education	教育
❻	不〜	【接头】	non-	不……
❼	平等 ⓪	【名・形動】	equality	平等
❽	飲み込む ③	【他五】	swallow; understand	咽下，吞下；理解，领会
❾	海豚 ⓪	【名】	dolphin	海豚
❿	ニュース ①	【名】	news	新闻，消息

⑪	興味 ①	【名】	interest	兴趣，兴致
⑫	拾う ⓪	【他五】	pick up	捡，拾
⑬	アイディア ①	【名】	idea	主意，想法，念头
⑭	これから ⓪	【名・副】	from now on	今后，以后
⑮	毎週 ⓪	【名】	every week	每周，每星期
⑯	部会 ⓪	【名】	club meeting; department meeting	社团会议；部门会议
⑰	よし ①	【感】	good	好，行，可以
⑱	提案 ⓪	【名・他サ】	proposal	提案，提议，建议

 覚えましょう

❶ 温暖化 ⓪【名】(全球)变暖

❷ 保全 ⓪【名】保护

❸ 破壊 ⓪【名】破坏

❹ オゾン層 ②【名】臭氧层

❺ 海面 ⓪【名】海面

❻ 気候変動 ④【名】气候变化

❼ 公害 ⓪【名】公害

❽ エコロジー ②【名】生态学

❾ 砂漠化 ⓪【名】沙漠化

❿ 植林 ⓪【名】植树造林

文法解説

1 使役被动态（せられる・させられる）

接续： 五段动词未然形、サ变动词未然形＋せられる

一段动词未然形、カ变动词未然形＋させられる

活用形	基本形	使役态	使役被动态
五段动词	行く	行かせる	行かせられる
サ变动词	勉強する	勉強させる	勉強させられる
一段动词	起きる	起きさせる	起きさせられる
カ变动词	来る	来させる	来させられる

解说： 表示不情愿或被迫、迫不得已做某事。还表示不由得做某事。

◆ SDGsの目標は、考えさせられるものばかりだよね。／可持续发展目标，都是些引人深思的内容啊。

◆ 陳さんは餃子作りの先生役をさせられました。／小陈被大家推选为包饺子的技术指导。

◆ わたしは毎日、母の手伝いをさせられている。／我每天都得帮妈妈干活。

◆ 試合に負けてはじめて、チームの力不足を強く感じさせられた。／比赛失败后，才深刻地体会到了球队实力的不足。

※ **接五段动词时，「せられる」经常约音为「される」。**

◆ あの子はいつもお使いに行かされているようだ。／那孩子好像经常被叫去做事。

2 ～て初めて／……之后，才……

接续： 动词第二连用形＋て初めて

解说： 表示经过了前项所述事件，才意识、感觉到了或者做了后项的内容。可译为"……才……""……之后，才……"。

◆ SDGsの目標は、地球 上の一つの国だけの努力によって達成できるものではなく、先進国も開発途上国も一丸となって初めて達成できる目標である。／可持续发展目标不是仅靠地球上一个国家的努力就能实现的，而是发达国家和发展中国家团结一致才能实现的目标。

◆ 病気になってはじめて健康のありがたさが分かるというものだ。／患病之后才知道健康的宝贵呀。

◆ 親に死なれて初めてその大切さを知る。／父母过世后才知道他们是多么重要。

◆ 外国に行って初めて、自分の国の大切さに気が付いた。／去了外国之后，才意识到自己国家的重要性。

❸ 〜にかわり／代替……，替……

接続： 体言＋にかわり

解説： 表示"代替……""替……"。「かわり」是由动词「代わる」变化而来。在句子中有时也以「〜にかわって」「〜のかわりに」的形式出现。此外，「かわる」还可以写成「替わる」「変わる」。

◆ 近年、プラスチックのストローにかわり、紙のストローにした店が増えている。／近年来，用纸吸管代替塑料吸管的店铺越来越多。

◆ 社長にかわり、ご挨拶申し上げます。／由我代表总经理致辞。

◆ 昨日までの雨天にかわり、今日は気持ちのいい晴天になった。／昨天之前一直下雨，今天变成了令人心情畅快的晴好天气。

◆ 受験シーズンともなると受験生にかわって、神社に合格祈願に行く親の姿も多く見られる。／一到考试季节，可以看到许多代替考生来神社祈祷考试合格的父母。

❹ 〜恐れがある／恐怕会……，有可能……

接続： 体言の、動詞連体形＋恐れがある

解説： 表示有发生某种事情的可能性，通常表示负面的事物。可译为"恐怕会……""有可能……"。「恐れ」源于一段自他动词「恐れる」的连用形。

◆ こういう問題は、放置しておくとどんどん悪くなる恐れがあるものばかりだよね。／这些问题，如果放任不管的话，恐怕都会越来越糟。

◆ 今夜にかけて津波の恐れがあるので厳重に注意してください。／今晚有可能发生海啸，请严加防范。

◆ アルコール度の強い酒を飲む時には、注意しないとタバコの火などが引火して火傷をする恐れがあると新聞に出ていた。／报纸上说，喝烈性酒的时候，如果不小心，烟头等会被引燃，有烫伤的危险。

5 〜を〜とする／以……为……，把……当作……

接续： 体言を＋体言と＋する

解说： 表示将……当作……，用于描述资格、立场、种类、名目等，意为"以……为……""把……当作……"。常用的形式有「〜を〜として」「を〜とした」。

◆ これはSDGsをきっかけとして世界の海洋資源保護を目的に、企業が紙ストローにしたことと関係がある。／这就与可持续发展目标有关，企业以保护海洋资源为目标决定使用纸吸管。

◆ 「元気でね」。これを別れの言葉として、彼は去った。／"你多保重"。以此为临别赠言他离开了。

◆ この試験の満点は400点で、240点以上を合格とする。／这个考试满分是400分，240分以上为及格。

関連語彙

開発⓪ ➡	開拓⓪・	開放⓪・	開幕⓪・	開始⓪・	展開⓪
資源① ➡	源泉⓪・	源流⓪・	根源③・	水源⓪・	電源⓪
部会⓪ ➡	部分①・	部隊①・	幹部①・	内部①・	司令部②
保護① ➡	保存⓪・	保管⓪・	保険⓪・	確保①・	保証人⓪

練習

一　単語練習

❶ 次の単語に読み仮名を付けてください。

① 海豚　　② 環境　　③ 興味　　④ 配慮　　⑤ 提案

❷ 次の仮名の漢字を書いてください。

① いちがん　② とじょう　③ せんしん　④ じぞく　⑤ かいはつ

二　文法練習

❶ 文章内の空欄に入るもっともふさわしい言葉を、次の①〜⑤からそれぞれ選んで書いてください。

① 初めて　② にした　③ に代わり　④ だけ　⑤ きっかけとして

　SDGsは、私たちの生活にも密接に関係している。例えば、近年、プラスチックのストロー（　　）、紙のストローにした店が増えている。これはSDGsを（　　）世界の海洋資源保護を目的に、企業が紙ストロー（　　）ことと関係がある。SDGsの目標は、地球上の一つの国（　　）の努力によって達成できるものではなく、先進国も開発途上国も一丸となって（　　）達成できる目標である。

❷ 次の（　　）に入る助詞を書いてください。

① SDGsとは、国際社会全体（　　）十数年以内（　　）達成すべき17の目標のことである。

② 最近、中国でもゴミの分別をしたり、紙ストローを使うようになっているの（　　）、環境に配慮しているからだよね。

③ こういう問題は、放置しておく（　　）どんどん悪くなる恐れがあるものばかりだよね。

④ 紙ストロー（　　）はじめとして、私たち（　　）もできることはもっとあるんじゃない？

⑤ じゃ、これから毎週月曜日の部会の前にみんな（　　）やりましょうよ。

三 文型練習

❶ ＿＿＿＿＿＿＿＿＿＿＿＿＿＿＿＿＿＿＿＿＿（さ）せられた。

- a. 学生は先生に漢字を100個覚える
- b. この経験によってたくさんのことを考える
- c. また先生に作文を書く

❷ ＿＿＿＿＿＿＿＿て（で）初めて、＿＿＿＿＿＿＿＿＿。

- a. 社会人になる　　親の大変さを知った
- b. 子供を産む　　母の強さが分かった
- c. 病気¹になる　　健康が一番大切だと思った

❸ ＿＿＿＿＿＿＿＿にかわり＿＿＿＿＿＿＿＿。

- a. ハンカチ²　　ティッシュペーパー³を使う人が多くなっている
- b. 今学期は筆記試験⁴　　レポートを出すことになった
- c. 本日⁵の会議は社長　　田中さんが発言⁶することになった

❹ ＿＿＿＿＿＿＿＿＿＿＿＿＿＿＿＿＿＿＿＿＿＿＿＿恐れがある。

- a. この地震で津波⁷が起こる
- b. この薬は副作用⁸
- c. 来週、台風が上陸⁹する

〔単語〕

1 病気⓪【名】病，疾病

2 ハンカチ③【名】手帕（「ハンカチーフ④」的省略）

3 ティッシュペーパー④【名】面巾纸，化妆纸，高级手纸

4 筆記試験④【名】笔试

5 本日①【名】今天

6 発言⓪【名・自サ】发言

7 津波⓪【名】海啸

8 副作用③【名】副作用

9 上陸⓪【名・自サ】登陆

四　質問練習

以下の質問に日本語で答えてください。

① あなたは環境問題に関心がありますか。

② SDGsとは何ですか。簡潔[1]に説明してください。

③ 17の目標の中で、どの問題にいちばん関心がありますか。

④ 日本でレジ袋[2]が有料化[3]したのは、いつからでしょうか。知らなかったら、調べてもいいです。

⑤ 小さいころ、家事の手伝いをさせられたことがありますか。

〔単語〕

1 簡潔だ⓪【名・形動】简洁

2 レジ袋③【名】(超市收银台等处的)塑料袋，购物袋

3 有料化⓪【名・自サ】有偿化，收费

五　読解練習

上司[1]が怖い[2]！

　　上司が怖いと思っている人は意外に多いのかもしれない。日本全国[3]の働く男女[4]を対象[5]に、インターネットによる任意[6]回答[7]でアンケート[8]調査を行ったが、職場[9]に怖い上司がいる人は6割[10]以上もいるそうだ。また、「上司が理由で会社を辞めたいと思ったことがあるか」という質問に対し、「ある」と答えた人は5割以上もいて、働く人の半分が会社を辞めたいほど上司のことを怖がっているのだ。

なるほど、月曜日の朝の出勤電車に、元気のないサラリーマン[11]が多いのは、その上司のせいなのだ。

上司の怖さはどこから来るものだろうか。この質問に対する上位[12]三つの答えは、「相手によって態度を変える[13]」「自分で仕事をしないで、他人[14]に押し付ける[15]」「高圧的[16]、偉そう」だそうだ。さらに「怒鳴る[17]」「気分屋[18]」「自分がすべてが正しいと思っている」「説教[19]が長い」などが続いている。

しかし、気配[20]を感じるだけでおぞましい[21]この上司という存在が、必ず会社にいる。怖いと思っても、嫌いでも報告[22]や確認などコミュニケーション[23]をするときは避けられない[24]相手である。そのような存在である上司が会社で自分を待っていると思うと、余計[25]に苦しく[26]なるらしい。さらに、飲み会[27]だとか出張[28]だとか「仕事以外の付き合い[29]」までしなくてはならない。

もしかすると[30]、「上司は恐ろしい[31]ものだ」とか、「上司は嫌いだ」などのイメージは、人間の脳[32]の錯覚[33]からくるのかもしれない。人によって、同じ上司をみても反応が違う。要するに[34]人間の脳は育った[35]環境に影響されているのだ。気づか[36]ぬうちに「上司は恐ろしい」という情報が脳に刻み込まれた[37]人もいれば、「上司から何か学びたい」とか「上司は会社の一同僚に過ぎない」と刻み込まれた人もいるということなのだ。このように、同じ物事[38]に対しても、ストレス[39]を感じる人もいれば、まったく[40]平気だという人もいるということなのである。

ネットには上司への恐怖[41]を克服[42]する方法を教える書き込み[43]がある。前向き[44]な思考法[45]によって、上司は怖くなくなるそうだ。恐怖を克服すると同時[46]に、脳の訓練によって、ストレスを解消[47]することもできるかもしれない。そもそも上司が理由で会社を辞め、転職[48]しても、次の上司は人間味[49]のある、優しい人だとは限らないだろう。

次のことについて考えてみてください。
① 人々はなぜ上司を怖がっているのですか。
② あなたにはストレスがありますか。もしあるとしたら、どんなことにストレ

スを感じますか。

③ 脳の練習によって、上司への恐怖を克服できると作者は言っていますが、それはどんな練習だと思いますか。

④ 脳の練習でストレスを解消することができると思いますか。それはなぜですか。

（単語）

1 上司 ①【名】上司

2 怖い ②【形】可怕的，恐怖的

3 全国 ①【名】全国

4 男女 ①【名】男女

5 対象 ⓪【名】对象；目标

6 任意 ①【名・形动】任意，随意

7 回答 ⓪【名・自サ】回答，答复

8 アンケート ①【名】调查，民意测验

9 職場 ⓪【名】职场，工作场所

10 割 ⓪【名】……成，十分之……

11 サラリーマン ③【名】工薪族

12 上位 ①【名】上位，上座

13 変える ⓪【他一】变，改变，换

14 他人 ⓪【名】他人，别人

15 押し付ける ④【他一】推，按；强加于人

16 高圧的だ ⓪【形动】高压的，强制的

17 怒鳴る ②【自五】大吼，厉声斥责

18 気分屋 ⓪【名】凭情绪而行动的人

19 説教 ③【自サ】说教，教训

20 気配 ①【名】动静，样子

21 悍ましい ④【形】讨厌，令人不快

22 報告 ⓪【他サ】报告，告知，汇报

23 コミュニケーション ④【名】沟通，交流

24 避ける ②【他一】避开，躲避

25 余計 ⓪【形动・副】过多，多余；格外

26 苦しい ③【形】痛苦，烦闷

27 飲み会 ⓪【名】宴会，酒会

28 出張 ⓪【名・自サ】出差

29 付き合い ③【名】交往，交际

30 もしかすると ①【副】或许，可能

31 恐ろしい ④【名】可怕的

32 脳 ①【名】脑

33 錯覚 ⓪【名・自サ】错觉，误以为

34 要するに ③【副】总而言之

35 育つ ②【自五】生长，成长

36 気づく ⓪【自五】发现，察觉，注意到

37 刻み込む ④【自五】铭刻

38 物事 ②【名】事物

39 ストレス ②【名】压力

40 まったく ⓪【副】完全

41 恐怖 ①【名・自サ】恐怖

42 克服 ⓪【名・他サ】克服，战胜

43 書き込み ⓪【名】注释；留言

44 前向きだ ⓪【名・形动】积极；朝前

45 思考法 ⓪【名】思考方法

46 同時に ⓪【副】同时

47 解消 ⓪【名・自サ】解除，消除

48 転職 ⓪【名・自サ】改行，换工作

49 人間味 ⓪【名】人情，人情味

六 聴解練習 🔊

❶ 次の会話を聞いて質問に答えてください。

質問：女性はなぜレジ袋を買わないのですか。

① 重い物をたくさん買ったから

② レジ袋に代わる袋を持っていたから

③ レジ袋を買うお金が足りないから

④ レジ袋を使うことは環境によくないと思うから

> （単語）
>
> 1 スーパー①【名】超市　　　　　　2 エコバッグ③【名】环保包，环保袋

❷ 次の文を聞いて質問に答えてください。

質問：環境問題はどんな問題だと言っていますか。

① 全世界の人々の問題

② 生き物を死なせることがない問題

③ それほど恐ろしくない問題

④ 誰かが真剣に考える問題

> （単語）
>
> 1 全～【接头】全……　　　　　　　6 有害⓪【名】有害
>
> 2 人類①【名】人类　　　　　　　　7 物質⓪【名】物质
>
> 3 生き物③【名】生物，活物　　　　8 汚染⓪【名・自他サ】污染
>
> 4 次々②【副】接连不断，一个接一个地　9 絶滅⓪【名・自他サ】灭绝
>
> 5 このまま④【名・副】这样下去，就这样

豆知識

日本浮世绘

　　说到日本的浮世绘，也许大多数人脑海中浮现出的就是著名的《神奈川冲浪里》。无论是明信片、书签，还是日常服装图案、日本护照，甚至是日元钞票、日本奥运会宣传片等等，都可以看到这幅浮世绘的影子。甚至可以说它已然成为日本文化特色的一个代名词。那么为何浮世绘作为一种美术作品，能有如此大的影响力呢？

　　这还要从浮世绘的历史起源说起。浮世绘起源于17世纪，在德川幕府的统治下，江户地区经济繁荣发展，市民阶层崛起，于是反映市民文化的绘画应运而生，即浮世绘。"浮世"在日语中属于佛教用语，与"净土"相对，含有及时行乐的意思。浮世绘的题材十分广泛，但一般集中于大众生活情景和风俗习惯，包括社会时事、民间传说、历史典故、戏曲场景、古典名著图绘等等，有些画家还专门描绘妇女生活、记录战争事件或描绘山川景物……它几乎是江户时代人们生活的百科全书。《神奈川冲浪里》就是著名浮世绘画师葛饰北斋的作品《富岳三十六景》之一。浮世绘由于是一种版画，因此不仅需要画师创作画作，还需要雕版师和刷版师合作完成。

　　而这样一种面向日本市民的价格较为低廉的版画，被用作日本出口欧洲的瓷器、陶器、茶叶等商品的包装纸，漂洋过海来到了西方，开始在当时的印象派画家中产生影响。19世纪后半期，浮世绘被大量介绍到西方。1867年的巴黎世博会，日本首次以国家馆的名义参展，包括浮世绘在内的展品大受欢迎而销售一空。当时西方的许多前卫艺术家都受到了浮世绘各种意义上的启迪。西方这种对于浮世绘的狂热促成了当时日本文化的热潮，使得日本文化在世界占有了一席之地。

　　今天的浮世绘是日本绘画当之无愧的象征之一，而浮世绘中也可见到在生活中挣扎的平民众生，仅从绘画之美的角度去欣赏还远远不够。日本作家永井荷风将浮世绘在西方的火爆称为"东洋的悲哀"，启发人们从本民族的角度挖掘文化价值的重要性。

课文会话译文

第11课 可持续发展目标

课文

2015年9月，联合国会议通过了"可持续发展目标（SDGs）"。可持续发展目标是指整个国际社会要在十几年内实现的17项目标。

可持续发展目标也与我们的生活密切相关。例如，近年来，用纸吸管代替塑料吸管的店铺越来越多。这就与可持续发展目标有关，企业以保护海洋资源为目标决定使用纸吸管。可持续发展目标不是仅靠地球上一个国家的努力就能实现的，而是发达国家和发展中国家团结一致才能实现的目标。

我们是不是有必要认真地重新考虑每一种行为呢？

会话

登场人物：

唐诗华（女），樱花国际大学的中国留学生，日语社团成员

冯志江（男），樱花国际大学中国留学生、日语社团成员

渡边翔（男），樱花国际大学日本学生、日语社团部长

伊藤阳向（女），樱花国际大学日本学生、日语社团副部长

◆在日语社团的活动室

渡边：小唐，你听说过"可持续发展目标"吗？

　唐：嗯，听说过。最近，在中国也开始进行垃圾分类、使用纸吸管，这都是为了保护环境。

伊藤：可持续发展目标，都是些引人深思的内容啊。

　冯：不仅仅是环境，还有贫困、教育、社会中不平等等各种各样的问题。

伊藤：这些问题，如果放任不管的话，恐怕都会越来越糟。

渡边：我看到因吞食海洋垃圾而死亡的海豚的新闻，从那开始，对可持续发展目标产生了兴趣。

　唐：包括（使用）纸吸管，我们能做的事情还有很多吧。

渡边：没错！所以，我在考虑，日语社团的各位，我们一起捡垃圾怎么样？
　　　大家怎么看？

　冯：我觉得不错！

伊藤：是啊，我觉得这是个很好的主意。

　唐：那么，以后每周一的社团会议之前大家一起做吧。

渡边：好，就这么办。接下来我会在社团会议上拿出提案。

第12課 異文化交流

学習目標
① 能够理解并解释跨文化交际理论。
② 能用日语询问并描述不同文化间的差异。
③ 理解跨文化体验的积极意义及其影响。

文法項目
❶ 〜ても始まらない
❷ 〜難い
❸ 〜ものだ
❹ 〜に従って・〜に従い
❺ 〜やら〜やら

本文

　海外で生活すると、自国の文化や習慣との違いに驚くことがあります。このような状態は「カルチャーショック」などと呼ばれます。

　文化や習慣の違いに戸惑うことは、心理学の観点から言えば、誰にでもある自然な反応です。ある時期さえ乗り越えることができれば、その後は楽しく過ごせるようになります。

　渡航してすぐは新しい環境に浮かれ気味になりますが、しばらくするとカルチャーショックが訪れます。不安や孤独、怒りなどの気持ちが湧く場合があります。自国の方が良いと思うこともあるでしょう。しかし時間が経つに従って、徐々に滞在国の文化や習慣に慣れ、その違いを自分の中に受け入れていきます。他国の文化やら習慣やらが変な訳ではなく、自国の文化だけが良い

という感覚こそが間違っているということを理解していきます。
滞在国の人からすると、外国人である自分の方が「異文化」だと
いうことに気付きます。

　それぞれの国の文化や習慣には違いがあって当然です。その違
いに腹を立てても始まらないのです。他国の文化・習慣は理解し
がたいかもしれません。しかし、全ての文化は影響し合っている
ということさえ理解しておけば、異文化を受け入れることができ
るでしょう。せっかく他国での生活を体験できるのですから、む
しろ、自ら他国の文化に溶け込むように努力したほうがいいか
もしれません。

新しい単語

❶ 異文化 ②	【名】	different culture	异文化，不同文化
❷ 自国 ⓪	【名】	one's own country	本国，自己的国家
❸ 習慣 ⓪	【名】	custom	习惯，风俗
❹ 違い ⓪	【名】	difference	差，差异，差别，区别
❺ カルチャー ①	【名】	culture	文化，文明；教养
❻ ショック ①	【名】	shock	冲击，打击
❼ 戸惑う ③	【自五】	be puzzled	困惑，不知所措
❽ 心理学 ③	【名】	psychology	心理学
❾ 観点 ①	【名】	viewpoint	观点
❿ 自然 ⓪	【名・形動】	nature; natural	大自然，自然界；自然
⓫ 乗り越える ④	【自一】	overcome; climb over	战胜，克服；越过，超过
⓬ 渡航 ⓪	【名・自サ】	go abroad	出国，出洋
⓭ 浮かれる ⓪	【自一】	be in high spirits	兴奋，兴冲冲

⑭ ～気味（ぎみ）②	【接尾】	a little, tend	有点……，有……倾向
⑮ 暫（しばら）く②	【副】	for a while; for a long time	一会儿，不久；好久，许久
⑯ 孤独（こどく）⓪	【名・形动】	loneliness	孤独
⑰ 湧（わ）く（涌（わ）く）⓪	【自五】	spring up; gush	涌现，产生；涌出，喷出
⑱ 経（た）つ①	【自五】	pass	经；过
⑲ 徐々（じょじょ）(に)①	【副】	slowly, gradually	徐徐，逐渐，慢慢
⑳ 滞在（たいざい）⓪	【名・自サ】	stay	旅居，逗留
㉑ 受（う）け入（い）れる④	【他一】	accept	接受，接纳，承认
㉒ 他国（たこく）⓪	【名・自サ】	foreign country	他国，他乡
㉓ 気付（きづ）く②	【自五】	notice	发现，察觉，意识到
㉔ 腹（はら）を立（た）てる②+②	【组】	get angry	生气，发怒
㉕ 寧（むし）ろ①	【副】	rather than	索性，宁可，莫如
㉖ 自（みずか）ら①	【名・副】	oneself; in person	自己，自身；亲自
㉗ 溶（と）け込（こ）む⓪	【自五】	fit into	融入，融合

会話

┌─────────────────────────────┐
│　　　　　　**登場人物**（とうじょうじんぶつ）　　　　　│
│   │
│　ルナ・スミス（女）、アメリカ人、日本在住　　│
│   │
│　山本真人（男）、日本人　　　　　　　　　　　│
│   │
│　于海敏（女）、中国人、日本在住　　　　　　　│
│   │
│　キム・ソジュン（男）、韓国人、日本在住　　　│
│   │
│　レオ・マルタン（男）、フランス人、日本在住　│
└─────────────────────────────┘

◆国際交流会のパーティー会場で。

ルナ：山本さん、日本ではうどんや蕎麦を食べる時に音を出して食べますよね。音を出して食べるとより美味しくなると聞きましたが、そうなんですか？

山本：はい。麺はすすって食べた方が香りや風味を感じることができますから。でも外国の方からするとマナーが悪いと感じるかもしれませんね。

ルナ：最初は驚きましたが、日本人のマナーが悪いというわけでもないでしょう。これも日本の習慣ですから、今では面白いと思っています。

于：私も、最初は生ものを食べるのが少し怖かったですが、今では刺身や生卵が大好きになりました。

キム：韓国では食事の時、茶碗や皿を手に持って食べてはいけませんが、日本では違うでしょう？

ルナ：へえ、同じアジアの国でも食事のマナーはこんなに違うのか。

山本：ええ、同じアジア人と言っても 考え方や習慣はそれぞれ
　　　違いますからね。

レオ：習慣と言えば、私は春になると桜を見に行くという日本
　　　のお花見の習慣がとても好きです。

于：桜は下から見る人に花を見せるために、花がお辞儀をして
　　いると聞いたことがあります。よくお辞儀をする日本人と
　　似ていますね。

ルナ：そうね。桜はやっぱり日
　　　本らしい花だわ。

レオ：ああ、早く桜を見ながら
　　　みんなで乾杯したいもの
　　　ですね。

🌱 新しい単語 🔊

❶ 蕎麦 ①	【名】	soba, buckwheat noodles	荞麦；荞麦面条
❷ 麺 ①	【名】	noodles	面条，面食
❸ 啜る ⓪	【他五】	sniff, sip, slurp	吸，啜饮，吸食（面条等）
❹ 香り ⓪	【名】	fragrance	芬芳，香气
❺ 風味 ①	【名】	taste, flavor	风味，味道
❻ 生もの ②	【名】	raw food	生食，生鲜
❼ 怖い(恐い) ②	【形】	scary	可怕的，恐怖的
❽ 刺身 ③	【名】	sashimi	生鱼片
❾ 卵(玉子) ②	【名】	egg	鸡蛋
❿ 韓国 ①	【名】	South Korea	韩国

⑪ 茶碗 ⓪	【名】	bowl, teacup	碗，茶碗
⑫ 皿 ⓪	【名】	plate	盘子，碟子
⑬ アジア ①	【名】	Asia	亚洲
⑭ 見せる ②	【他一】	show	让……看
⑮ お辞儀 ⓪	【名・自サ】	bow	鞠躬，行礼
⑯ 似る ⓪	【自一】	be like	像，似

 覚えましょう

❶ 人種 ⓪【名】人种，种族
❷ 民族 ①【名】民族
❸ 文明 ⓪【名】文明
❹ 宗教 ①【名】宗教
❺ 国情 ⓪【名】国情
❻ 風俗 ①【名】风俗

❼ 習俗 ①【名】习俗
❽ 風土 ①【名】风土，水土
❾ 地方 ②【名】地方
❿ 農村 ⓪【名】农村
⓫ 田舎 ⓪【名】乡村，乡下

🔊 文法解説 🔊

1 〜ても始まらない／即使……也没有用，即便……也白费

接续： 动词第二连用形＋ても始まらない

解说：「ても」是助词，表示逆接的假定或既定条件。「始まらない」是五段自动词「始まる」的否定形式。这个句型表示"即使……也没有用""即便……也白费"。

◆ その違いに腹を立てても始まらないのです。／因为不同而气恼也是无济于事的。

◆ 今更、後悔しても始まらない。／事到如今，后悔也没用。

◆ 今になって、そんな事を言っても始まらないだろう。／时至今日，说那样的话还能起什么作用呢。

◆ そんな人といくら議論しても始まらない。／和那种人无论怎么争论都毫无意义。

◆ 病気がこれほど重くなっては、薬を飲んでも始まらないと思う。／病到这个份儿上，我觉得即使是吃药也回天乏术了。

2 〜難い／难……，难于……

接续： 动词第一连用形＋難い

解说：「難い」是形容词型接尾词，一般用在表示心理活动、认知等方面的意志动词后（如「信じる」「理解する」「想像する」等），表示难度大，即使想做也难以实现。相当于汉语的"难……""难于……"。多用于书面语言中。在本句型使用时，「難い」多以假名的形式出现。

◆ 他国の文化・習慣は理解しがたいかもしれません。／理解其他国家的文化、习俗也许并非易事。

◆ 信じがたいことだが、本当なのだ。／虽然难以置信，却是事实。

◆ その要求はどうしても受け入れがたい。／那个要求无论如何也难以接受。

◆ あの人の言うことはなんの根拠もないし、常識はずれで、私には理解しがたい。／他说的事缺乏依据，不符合常识，我难以理解。

3 ～ものだ／表示回忆、感慨

接续： 用言连体形＋ものだ

解说：「もの」是形式体言，同判断助动词「だ」相结合放在句尾，口语中，「の」常常替换为「ん」。

①强调语气，表示感慨。

◆ ああ、早く桜を見ながらみんなで乾杯したいものですね。／啊，真想快点边看櫻花边和大家干杯啊!

◆ 時間が経つのは本当に速いものだ。／时间过得真快呀!

◆ ぜひ富士山をこの目で見たいものだ。／一定要亲眼看看富士山啊!

◆ 子供は元気なもんだ。／孩子可真的是精力旺盛啊。

②表示说话人对于某事件的回忆，多用「よく…たものだ」。

◆ 若い頃はよく喧嘩をしたもんだ。／年轻时常常吵架的。

◆ 渋谷には、若い頃よく行ったものだ。／涉谷啊，年少时常去的。

◆ 日本語の授業中に、時々携帯で面白い言葉を調べたものだ。／那时在日语课中，常用手机查阅一些有趣的词语。

◆ この子も男らしい男になったもんだ。／这个孩子也长成男子汉啦。

4 ～に従って／随着……，伴随着……

接续： 体言、动词连体形＋に従って

解说： 表示后项随前项的变化而变化。相当于汉语的“随着……”“伴随着……”。同样的表达方式还有「～に従い」。

◆ 時間が経つに従って、徐々に滞在国の文化や習慣に慣れ、その違いを自分の中に受け入れていきます。／随着时间的推移，慢慢地就会适应所在国家的文化和习俗，接受这种差异。

◆ 生活が豊かになるに従って、マイカーを持つ人が増えてきます。／随着生活变得富裕，拥有私家车的人多起来。

◆ 新しい技術の開発が進むに従って、生産規模も拡大した。／随着新技术的开
发，生产规模也扩大了。

◆ 季節の変化に従い、街の色も変わってゆく。／伴随着季节的变化，街道的颜
色也在改变。

5 〜やら〜やら／……啦……啦

接续：体言、用言终止形＋やら＋体言、用言终止形＋やら

解说：表示从多项事物中列举出其中的两项，暗示还有其他事物。可译为
"……啦……啦"。接续助词「やら」带有示例的语气。

◆ 他国の文化やら習慣やらが変な訳ではなく、自国の文化だけが良いという感覚
こそが間違っているということを理解していきます。／逐渐理解到：并非其他
国家的文化和习俗怪异，而是"只有自己国家的文化是好的"这种感觉才是错
误的。

◆ スピーチ原稿の作成やら作文やら宿題がたくさんあって、何から始めれば
いいかわからない。／作业有讲演啦作文啦等好多内容，不知道从哪一项开始才
好。

◆ 弟の部屋は掃除していなかったのか、ゴミやら食べ残しやらが散乱していた。
／弟弟的房间是不是没有清扫啊，到处都是垃圾和吃剩下的食物。

◆ 10年ぶりの同窓会で久しぶりに友達に会えて嬉しいやら懐かしいやら、話は尽
きなかった。／时隔10年的同学会，大家久别重逢，或欢喜或怀旧，有说不完
的话。

◆ 家の近くに工場ができて、騒音やら煙やらに、悩まされているんだよ。／家
附近开办了一个工厂，又是噪音又是烟尘，令人不胜烦恼。

関連語彙

茶碗⓪　➡　茶室⓪・茶色⓪・新茶⓪・紅茶⓪・緑茶⓪

習慣⓪　➡　学習⓪・実習⓪・演習⓪・習俗①・習性⓪

観点①　➡　論点③・重点③・終点⓪・弱点③・点滴⓪

異文化②　➡　化学①・化合物②・消化⓪・緑化⓪・千変万化⑤

練習

一　単語練習

❶ 次の単語に読み仮名を付けてください。

① 異文化　　② 滞在　　③ 渡航　　④ 寧ろ　　⑤ 習慣

❷ 次の仮名の漢字を書いてください。

① ふうみ　② めん　③ しんりがく　④ とまどう　⑤ みずから

二　文法練習

❶ 文章内の空欄に入るもっともふさわしい言葉を、次の①～⑤からそれぞれ選んで書いてください。

① ことに　② しばらく　③ からすると　④ 徐々に　⑤ しかし

　渡航してすぐは新しい環境に浮かれ気味になりますが、（　　）するとカルチャーショックが訪れます。不安や孤独、怒りなどの気持ちが湧く場合があります。自国の方が良いと思うこともあるでしょう。（　　）時間が経つに従って、（　　）滞在国の文化や習慣に慣れ、その違いを自分の中に受け入れていきます。他国の文化やら習慣やらが変な訳ではなく、自国の文化だけが良いという感覚こそが間違っているということを理解していきます。滞在国の人（　　）、外国人である自分の方が「異文化」だという（　　）気付きます。

❷ 次の（　　）に入る助詞を書いてください。

① 海外で生活する（　　）、自国の文化や習慣との違い（　　）驚くことがあります。

② 文化や習慣の違い（　　）戸惑うことは、心理学の観点から言えば、誰にでもある自然な反応です。ある時期（　　）（　　）乗り越えることができれば、その後は楽しく過ごせるようになります。

③ せっかく他国（　　）の生活を体験できるのですから、むしろ、自ら他国の文化（　　）溶け込むように努力したほうがいいかもしれません。

④ 音を出して食べる（　　）より美味しくなると聞きましたが、そうなんですか？

⑤ 韓国では食事の時、茶碗や皿を手（　　）持って食べてはいけませんが、日本では違うでしょう？

三　文型練習

❶ ＿＿＿＿＿＿＿＿＿＿＿＿＿＿＿＿＿＿＿ても（でも）始まらない。

　　a. 一人で悩む[1]

　　b. いまさら[2]責任者[3]を責める[4]

　　c. 同じことをいつまで議論[5]する

❷ ＿＿＿＿＿＿＿＿＿＿＿＿＿＿＿＿＿難い。

　　a. 弱い[6]者を虐めることは許す

　　b. 彼がそんなことをしたのは、信じる

　　c. 仕事が大変で、もう耐える[7]

❸ ＿＿＿＿＿＿＿＿＿＿＿＿＿＿＿ものだ。

　　a. 学生のころは、この店でコーヒーを飲みながら話した

　　b. 子どもの成長は本当に速い

　　c. 彼はずいぶんつきあいやすい人間になった

❹ ＿＿＿＿＿＿＿＿＿に従って、＿＿＿＿＿＿＿。

　　a. 時間が経つ　　　　　物忘れ[8]が多くなってきた

b. 社会の変化　　　　　　人間関係も変わるはずだ

c. 標高⁹が高くなる　　　　気温¹⁰が低く¹¹なる

❺ ＿＿＿＿＿やら、＿＿＿＿＿やら、＿＿＿＿＿＿＿。

a. 驚く　　　　　　　悲しむ¹²　　　反応は様々だ

b. 嬉しい　　　　　　悔しい　　　　複雑な気持ちだ

c. キャンプ　　　　　映画　　　　　最近は一人で行くようになった。

┌（単語）─────────────────────────────┐
│ **1** 悩む②【自五】烦恼　　　　　　　　**7** 耐える②【自一】忍受，忍耐
│ **2** いまさら⓪【副】现在才，事到如今　　**8** 物忘れ③【名】忘事
│ **3** 責任者③【名】负责人　　　　　　　　**9** 標高⓪【名】标高，海拔
│ **4** 責める②【他一】责备　　　　　　　**10** 気温⓪【名】气温
│ **5** 議論①【名・自サ】议论，争辩　　　　**11** 低い②【形】低的，矮的；便宜的
│ **6** 弱い②【形】弱　　　　　　　　　　**12** 悲しむ③【他五】悲伤
└──────────────────────────────────┘

四　質問練習

以下の質問に日本語で答えてください。

① 外国で暮らしたいと思いますか。その理由も教えてください。

② 外国人の習慣で驚いたことはありますか。

③ 高校の時と比べて、いまは生活環境が変わりましたか。それともあまり変わっていませんか。

④ あなたの寮の部屋は、ゴミやら食べ物やらが散乱¹していますか。

⑤ 中国らしい花といったら、どんな花だと思いますか。

┌（単語）─────────────────────────────┐
│ **1** 散乱⓪【名・自サ】散乱，零乱
└──────────────────────────────────┘

五　読解練習

結婚したい後輩

夫と妻が話しています。

夫：僕の後輩の三島君って、知ってるよね。

妻：三島君？大学時代、あなたと一緒に水泳の練習をやってた人だっけ。

夫：そうそう、覚えているんだ。

妻：うん、覚えてる。その三島君がどうしたの？

夫：あのさ、今夜[1]、彼を夕食[2]に招待したからね。

妻：ええ？そんな、ウソでしょ。だって[3]、見てよ、部屋はこんなに散らかって[4]いるのよ。まだお皿も洗っていないし、冷蔵庫[5]の中も空っぽ[6]。あなた、何考えているのよ。

夫：簡単に掃除して、なんか、美味しいものを作ればどう？

妻：美味しいものって、汚れた[7]キッチン[8]で作る気になれ[9]ないし…本当に、何考えてるのよ。

夫：へへへ、怒ったかい。それも、分かってたよ。

妻：当たり前よ。分かっていて、なんで三島君を招待したのよ！

夫：あいつ[10]がねえ、結婚したいって馬鹿[11]なこと言ってるから。

妻：それで。

夫：あいつの目を覚まさせ[12]ようと思ってんだ。

次のことについて考えてみてください。

① 夫は自分の結婚生活について、どう思っていますか。

② 妻は怒っていますが、それはなぜですか。

③ 文章の最後に「目を覚まさせよう」と書いてありますが、それはどんな意味ですか。

④ 夫が後輩の三島くんを招待しようと思ったのはなぜですか。

単語

1　今夜①【名】今夜，今晩

2　夕食⓪【名】晩餐，晩飯

3　だって①【接】虽说是，不过

4　散らかす⓪【他五】乱扔，弄乱

5　冷蔵庫③【名】冰箱

6　空っぽ⓪【名・形动】空，空空如也

【単語】

7 汚れる⓪【自一】脏，弄脏

8 キッチン①【名】厨房

9 気になる⓪+①【組】担心，忧虑；有意，有心

10 あいつ⓪【代】那家伙，那小子

11 馬鹿①【名・形动】蠢人，笨蛋；荒唐

12 覚ます②【他五】弄醒，唤醒；醒酒

六　聴解練習 🔊

❶ 次の会話を聞いて質問に答えてください。

質問：男性はこれからどうしますか。

① 急いで他の友達を探します　　②女性の課題を見せてもらいます

③ 女性にお礼をします　　④自分で課題をやりきります

【単語】

1 提出⓪【名・他サ】提出，提交

2 期限①【名】期限，时效

3 慌てる⓪【他一】慌，慌张

4 ～学【接尾】……学

5 論文⓪【名】论文

6 形式⓪【名】形式

7 プレゼン⓪【名】发表，提案（「プレゼンテーション⑤」的简称）

8 お礼⓪【名】谢意，谢词，谢礼

9 発言⓪【名・自サ】发言

10 駄目だ②【形动】不行，不可以

11 良心①【名】良心

12 自力⓪【名・自サ】独立，自立

13 徹夜⓪【名・自サ】彻夜，通宵

❷ 次の文を聞いて質問に答えてください。

質問：日本での生活は今ではどうなりましたか。

① かなり慣れました

② ホームシックになっています

③ 故郷が恋しくてしかたがありません

④ 日本の習慣や文化を全部理解しました

【単語】

1 随分①【副・形动】相当，很

2 ホームシック④【名】想家，思乡

3 故郷②【名】故乡，老家

4 恋しい③【形】怀恋的，想念的

日本的祭祀活动

宗教活动在日本人的日常生活中有着不小的影响，尤其在生老病死等重大人生事件方面发挥着重要的仪式作用。除此之外，一年四季日本各地都会举办各种各样的祭祀活动。日本的祭祀大多来源于神道和佛教，自古以来，人们通过祭祀活动与神灵交流，而如今的祭祀活动更像是城市中的庆典，热闹非凡。其中，被称为日本三大祭的分别是东京"神田祭"、京都"祇园祭"和大阪"天神祭"。

最早的关于神田祭的文字记载显示，神田祭是德川家族为了宣扬神田神社"江户总镇守"的威名而在神社举行的祭礼。江户时代（1603—1867年）将军在江户城中居住，游行的队伍受到将军保护，因此神田祭也被称为是"天下祭"（"天下"意指"将军"）。江户时代的将军为防止活动过于铺张浪费，于是规定庆典活动按年份变换规模，奇数年进行豪华的"本祭"，偶数年进行"阴轿祭"（简易祭典）。奇数年时，会有几百至数千人组成游行队伍，队伍中有轿檐上挂有凤凰等饰物的神轿，有"移动美术馆"之称的花车，还有坐在马上的神官等等，场面十分盛大。

京都祇园祭起源于869年，时疫暴发，居民把八坂神社内的神轿搬出神社，在京都市内巡行，祈求洁净及消除瘟疫。现今，京都祇园祭每年举办一次，从7月1日开始，持续整整一个月。主要的活动有"山形彩车巡游""提灯迎神""花伞巡游"等。其中的"山形彩车巡游"，2009年被联合国教科文组织列入世界非物质文化遗产名录。

大阪天神祭从每年6月下旬开始便有许多活动，持续约1个月的时间。天神祭活动的最高潮是7月24日的"宵宫祭"和25日的"本宫祭"，游行队伍从大阪的天满宫出发，进行包括"铧流神事""催太鼓""狮子舞""陆渡御""船渡御"和"奉纳花火"等活动，活动所及之处皆人山人海。

除了三大祭之外，日本一年四季还有其他祭祀，数不胜数。比如"高山祭""葵祭""那智火祭"等等，这些祭祀活动都各具特色，热闹非凡。由此看来，说日本是节庆之国也并非言过其实。

课文会话译文

第12课 跨文化交流

课文

在国外生活，人们有时会对那些与本国文化和习俗的差异感到惊讶。这种状态被称为"文化冲击"。

从心理学的观点来看，对文化和习俗的差异感到困惑，是每个人都会有的自然反应。只要跨越了某个阶段，后面就会过得很愉快了。

刚出国不久，在新的环境中会感到新奇、兴奋，但不久之后就会受到文化冲击。有时会产生不安、孤独、愤怒等情绪，有时也会觉得还是本国更好。但是，随着时间的推移，慢慢地就会适应所在国家的文化和习俗，接受这种差异。逐渐理解到：并非其他国家的文化和习俗怪异，而是"只有自己国家的文化是好的"这种感觉才是错误的。在所在国家的人看来，作为外国人的自己才是"异文化"的存在。

各个国家的文化和习俗有差异是理所当然的。因为不同而气恼也是无济于事的。理解其他国家的文化、习俗也许并非易事。但是，只要理解了所有的文化都是相互影响的，也就能接受不同的文化了吧。好不容易能够体验一下在其他国家的生活，倒不如自己努力融入他国的文化中吧。

会话

登场人物：

露娜·史密斯（女），美国人，现居日本

山本真人（男），日本人

于海敏（女），中国人，现居日本

金素俊（男），韩国人，现居日本

莱奥·马丁（男），法国人，现居日本

◆在国际交流会的派对现场

露娜：山本先生，在日本吃乌冬面和荞麦面的时候会发出声音来吃吧。听说发出声音吃的话会更好吃，是这样吗？

山本：是的。因为吃面条时吸溜吸溜地吃更能感受到面条的香味和风味。但是在外国人看来可能会觉得很没礼貌。

露娜：一开始我很惊讶，但也不是说日本人的礼节不好吧。这也是日本的习俗，现在觉得很有意思。

于：我一开始也很害怕吃生的东西，但现在很喜欢吃生鱼片和生鸡蛋了。

金：在韩国吃饭的时候，不能用手端着碗和盘子吃，这和日本不一样吧？

露娜：啊，同样是亚洲国家，吃饭的礼仪差别这么大啊。

山本：是的，虽说同样是亚洲人，但想法和习俗也是各不相同的。

莱奥：说到习俗，我非常喜欢一到春天就去看樱花的日本赏花习俗。

于：我听说樱花为了让树下面的人看到花，会"低头鞠躬"。这和经常鞠躬的日本人很像呢。

露娜：是啊。樱花果然是很具备日本特色的花啊。

莱奥：啊，真想快点边看樱花边和大家干杯啊！

附 录

一、动词词尾变化表

种类	行	例词	词干	未然形	连用形	终止形	连体形	假定形	命令形	推量形
五段	カ	書く	か	か	①き ②い	く	く	け	け	こ
	ガ	泳ぐ	およ	が	①ぎ ②い	ぐ	ぐ	げ	げ	ご
	サ	話す	はな	さ	①し ②し	す	す	せ	せ	そ
	タ	立つ	た	た	①ち ②っ	つ	つ	て	て	と
	ラ	取る	と	ら	①り ②っ	る	る	れ	れ	ろ
	ワ	歌う	うた	わ	①い ②っ	う	う	え	え	お
	ナ	死ぬ	し	な	①に ②ん	ぬ	ぬ	ね	ね	の
	バ	飛ぶ	と	ば	①び ②ん	ぶ	ぶ	べ	べ	ぼ
	マ	読む	よ	ま	①み ②ん	む	む	め	め	も
一段		起きる	お	き	き	きる	きる	きれ	①きろ ②きよ	き
		食べる	た	べ	べ	べる	べる	べれ	①べろ ②べよ	べ
サ変		する	○	①し ②せ ③さ	し	する	する	すれ	①しろ ②せよ	し
カ変		来る	○	こ	き	くる	くる	くれ	こい	こ
后续词例				ない ぬ れる られる せる させる	①ます たい ながら そうだ (様态) ②て、た	結句 そうだ (传闻) らしい	こと もの とき 人	ば		う (五段) よう (五段以外)

※说明:

1. 「れる」「せる」接五段动词和サ变动词未然形。「られる」「させる」接其他动词未然形。
2. サ变动词未然形①接「ない」,②接「ぬ」,③接「れる」「せる」。
3. 五段动词连用形②只接「て」(で)、「た」(だ)和由「て」「た」引出的句型等。
4. 一段动词、サ变动词的命令形①多为口语使用,②多用于文章。
5. 有些语法学家将动词词尾变化分为六种,即把"推量形"纳入"未然形"中。

二、形容词词尾变化表

基本形	词干	词　　尾				
		连用形	终止形	连体形	假定形	推量形
良い	よ	①く ②かっ	い	い	けれ	かろ
正しい	ただし	①く ②かっ	い	い	けれ	かろ
后续词及功能		①中顿、作状语或接「て、も、ない」等。 ②接「た」。	结句 か が から	体言 のに ので	ば	う

三、形容动词词尾变化表

基本形	词干	词　　尾				
		连用形	终止形	连体形	假定形	推量形
静かだ	しずか	①に、②で、③だっ	だ	な	なら	だろ
后续词及功能		①修饰用言。 ②接「ある、ない」或表中顿。 ③接「た、たり、て」。	结句 が から	体言 のに ので の	(ば)	う

四、助词用法一览表

助词	意义	接续	用例
きり (1)	程度、范围的界限	连体形、动词过去式	先月友達に DVD を貸したんだけど、貸した〜返って来なくて…。／部屋には机が一つある〜で、ほかには何もない。／彼は国を出た〜帰らない。
	限定、限度	体言	それ〜彼女からは連絡がない。／一人〜の生活だ。／今日〜でおしまいだ。
こそ (4)	强调、排它	体言、用言等	発明の世界では、このような人〜が、偉大な発明をすると言われています。／それ〜、私の願いだ。／そうして〜出来るのだ。
さえ (6)	添加、重点提示	体言、助词	時代の流れと共に、テクノロジーも進化し、人の特徴で〜も変化し続けているのです。／電気だけでなく、水〜ない。／犬で〜恩を知っている。／健康〜有れば何も要らぬ。
ずつ (4)	数量的均等	数量词、副词	知らない人と会話したり、料理を交換したり、少し〜友達が増えていくのも楽しそうだよね。／三人〜呼んでください。／机を二人に一脚〜当てがう。
っけ (8)	确认往事	动词过去式、「だ」的终止形或过去式	謝君は寒い所の出身だ〜？／子供のころは、君とよくけんかをした〜。／これ、なんていう花でした〜。
て(で)は (9)	条件	形容词连用形、动词第二连用形、体言、形动词词干	僕は、日本語サークルのみんなでゴミ拾いをし〜どうかと考えているんだ。／いたずらし〜いけない。／やっ〜みたが、駄目だった。／こんな格好〜人前に出られない。
でも (3)	委婉含蓄的列举资格、时间、地点	体言、助词	事前に連絡しておけば、相手はコーヒー〜飲みながら待つことができる。／今週末、海に〜行かないか。／そんなに暇だったら、小説〜読めばいいのに。
にて (10)	动作、行为发生的时间、地点、资格	体言	それではこちら〜すぐに手配いたします。／深き河を舟〜渡る。／これ〜失礼いたします。
のに (3)	强烈逆接	体言な、连体形	予定通りに行動した〜、偶然の事故などでその通りにならないという場合もある。／そんなに好きな〜、好きだと言わないのはなぜだろう。／昔は静かだった〜、今は自動車の洪水だ。／一生懸命勉強した〜、だれもほめてくれない。

续表

助词	意义	接续	用例
やら（12）	列举，并列	体言、终止形	他国の文化〜習慣〜が変な訳ではなく、自国の文化だけが良いという感覚こそが間違っているということを理解していきます。／泣く〜わめく〜たいへんな騒ぎだ。／何が何〜わからない。
わ（3）	主张、感叹	终止形	私の事を全然考えてない〜！／今日は随分寒い〜ね。／あのドラマ、昨日見た〜。／別のやり方のほうがいいと思う〜。

※说明：

1. "接续"栏中，"连用形""终止形"等均指用言的词尾变化形式。

2. 左侧第一栏为本教材中出现的助词，括号内以数字注明该助词首次出现在本教材的课次。

3. 助词有多种用法和含义，有些并未出现在本教材中，表格内均一并简要列出，学生可以参考使用。

4. "用例"栏中第一句有些为教材中出现的句子。

5. 例句的日语汉字读音和中文译文请参看本教材配套的"学习辅导用书"。

五、助动词用法一览表

基本形	接续例	变化 / 下接 / 意义	未然形 ない ぬ	连用形 中顿 (ない)	连用形 た	终止形 結句	连体形 体言	假定形 ば	命令形 ○	推量形 う、 よう
みたいだ (2)	体言、用言終止形（形容动词词干）	状态、性质的相似	○	で (に)	だっ	だ	な	なら	○	だろ

用例：日本語はオノマトペが本当にたくさんあって、外国人の僕からするとオノマトペの森みたいだ。／まるで夢みたいだ。／横浜みたいな港町に住みたい。／彼女はもうじき結婚するみたいよ。／あの人はとても困っているみたいだ。

基本形	接续例	意义	未然形	连用形	连用形	终止形	连体形	假定形	命令形	推量形
らしい (2)	体言、形容动词词干或动词終止形、形容词終止形	推测、断定	○	らし く	らし かっ	らしい	らしい	らし けれ	○	○

用例：今も新しいオノマトペはどんどん増えているらしいです。／評判が嘘らしい。／彼はどうやら正直者らしい。／不合格だったらしいね。

| れる
(2/9) | 五段、サ変动词未然形 | 自発
尊敬 | れ | れ | れ | れる | れる | れれ | れろ、
れよ | れ |
| られる
(2/9) | 一段、力変动词未然形 | 自発
尊敬 | られ | られ | られ | られる | られる | られれ | られろ、
られよ | られ |

用例：もう帰られますか。／先生は事務室におられる。／山下先生は今年で喜寿を迎えられた。／近いうちに、あの方が帰って来られます。／その鳥の鳴き声を聞くたびに、故郷のことが思い出される。／子供の将来が案じられてならない。

※说明：

1. 左侧第一栏为本教材中出现的助动词，括号内以数字注明该助动词首次出现在本教材的课次。

2. 「みたいだ」的连用形「に」用于修饰后面的用言。

3. 助动词有多种用法和含义，有些并未出现在本教材中，表格内均简要列出，学生可以参考使用。

4. 表格中的○表示该助动词没有这种词尾变化形式或无须下接其他助词、助动词。

5. "用例"栏中第一句有些为教材中出现的句子。

6. 例句的日语汉字读音和中文译文请参看本教材配套的"学习辅导用书"。

六、课文会话中出现的人物姓名

日 本 人		中 国 人	其他国家人
姓 氏	名 字	姓 名	姓 名
<ruby>加藤<rt>か とう</rt></ruby> (1)	<ruby>愛里<rt>あい り</rt></ruby> (1)	<ruby>郭暁燕<rt>カクギョウエン</rt></ruby> (1)	ケイト・スミス（美）(6)
<ruby>吉田<rt>よし だ</rt></ruby> (2)	<ruby>博司<rt>ひろ し</rt></ruby> (2)	<ruby>陳健<rt>チンケン</rt></ruby> (2)	ルナ・スミス（美）(12)
<ruby>山田<rt>やま だ</rt></ruby> (3)	<ruby>順子<rt>じゅん こ</rt></ruby> (3)	<ruby>馬鈴鈴<rt>マ レイレイ</rt></ruby> (2)	キム・ソジュン（韩）(12)
<ruby>佐々木<rt>さ さ き</rt></ruby> (3)	<ruby>絵里<rt>え り</rt></ruby> (3)	<ruby>羅玉霞<rt>ラ ギョク カ</rt></ruby> (4)	レオ・マルタン（法）(12)
<ruby>山口<rt>やまぐち</rt></ruby> (4)	<ruby>武<rt>たけし</rt></ruby> (4)	<ruby>梁超<rt>リョウチョウ</rt></ruby> (5)	
<ruby>松本<rt>まつもと</rt></ruby> (4)	<ruby>安奈<rt>あん な</rt></ruby> (4)	<ruby>宋菲菲<rt>ソウ ヒ ヒ</rt></ruby> (5)	
<ruby>井上<rt>いのうえ</rt></ruby> (5)	<ruby>弘樹<rt>ひろ き</rt></ruby> (5)	<ruby>鄭江燕<rt>テイコウエン</rt></ruby> (6)	
<ruby>木村<rt>き むら</rt></ruby> (6)	<ruby>京子<rt>きょう こ</rt></ruby> (6)	<ruby>謝開航<rt>シャカイコウ</rt></ruby> (8)	
<ruby>林<rt>はやし</rt></ruby> (7)	<ruby>真人<rt>まさ と</rt></ruby> (7)	<ruby>韓春梅<rt>カンシュンバイ</rt></ruby> (8)	
<ruby>清水<rt>し みず</rt></ruby> (8)	<ruby>諭<rt>さとし</rt></ruby> (8)	<ruby>唐詩華<rt>トウシ カ</rt></ruby> (11)	
<ruby>佐藤<rt>さ とう</rt></ruby> (8)	<ruby>雅治<rt>まさはる</rt></ruby> (8)	<ruby>馮志江<rt>ヒョウ シ コウ</rt></ruby> (11)	
<ruby>鈴木<rt>すず き</rt></ruby> (9)	<ruby>幹雄<rt>みき お</rt></ruby> (9)	<ruby>于海敏<rt>ウ カイビン</rt></ruby> (12)	
<ruby>高橋<rt>たかはし</rt></ruby> (9)	<ruby>賢人<rt>けん と</rt></ruby> (9)		
<ruby>田中<rt>た なか</rt></ruby> (9)	<ruby>英寿<rt>ひでとし</rt></ruby> (9)		
<ruby>渡辺<rt>わたなべ</rt></ruby> (11)	<ruby>翔<rt>しょう</rt></ruby> (11)		
<ruby>伊藤<rt>い とう</rt></ruby> (11)	<ruby>陽向<rt>ひなた</rt></ruby> (11)		
<ruby>山本<rt>やまもと</rt></ruby> (12)	<ruby>真人<rt>まさ と</rt></ruby> (12)		

※说明：

后面的数字是人物姓名出现在本册教材的课次。

七、日语假名罗马字拼写法

a	i	u	e	o	kya	kyu	kyo
ア	イ	ウ	エ	オ	キャ	キュ	キョ
ka	ki	ku	ke	ko	sya[sha]	syu[shu]	syo[sho]
カ	キ	ク	ケ	コ	シャ	シュ	ショ
sa	si[shi]	su	se	so	tya[cha]	tyu[chu]	tyo[cho]
サ	シ	ス	セ	ソ	チャ	チュ	チョ
ta	ti[chi]	tu[tsu]	te	to	nya	nyu	nyo
タ	チ	ツ	テ	ト	ニャ	ニュ	ニョ
na	ni	nu	ne	no	hya	hyu	hyo
ナ	ニ	ヌ	ネ	ノ	ヒャ	ヒュ	ヒョ
ha	hi	hu[fu]	he	ho	mya	myu	myo
ハ	ヒ	フ	ヘ	ホ	ミャ	ミュ	ミョ
ma	mi	mu	me	mo	rya	ryu	ryo
マ	ミ	ム	メ	モ	リャ	リュ	リョ
ya	(i)	yu	(e)	yo	gya	gyu	gyo
ヤ	(イ)	ユ	(エ)	ヨ	ギャ	ギュ	ギョ
ra	ri	ru	re	ro	zya[ja]	zyu[ju]	zyo[jo]
ラ	リ	ル	レ	ロ	ジャ	ジュ	ジョ
wa	(i)	(u)	(e)	o[wo]	(zya)[dya]	(zyu)[dyu]	(zyo)[dyo]
ワ	(イ)	(ウ)	(エ)	ヲ	ヂャ	ヂュ	ヂョ
ga	gi	gu	ge	go	bya	byu	byo
ガ	ギ	グ	ゲ	ゴ	ビャ	ビュ	ビョ
za	zi[ji]	zu[du]	ze	zo	pya	pyu	pyo
ザ	ジ	ズ	ゼ	ゾ	ピャ	ピュ	ピョ
da	(zi)[di]	(zu)[du]	de	do			
ダ	ヂ	ヅ	デ	ド			
ba	bi	bu	be	bo			
バ	ビ	ブ	ベ	ボ			
pa	pi	pu	pe	po			
パ	ピ	プ	ペ	ポ			

※说明：

1. 此表依据为1954年日本内阁告示第1号的规定。

2. （ ）内为重复的假名音。

3. 拨音「ン」一律写作n。

   如：ansin（安心）　　　　sinbun（新聞）　　　tenki（天気）

4. 表示拨音的n与后面接的元音字母或y有分开拼写的必要时，在n的后面加"'"符号。

   如：han'i（範囲）　　　　gen'in（原因）　　　gen'yu（原油）

5. 表示促音时要把后面的辅音字母重复一次。

   如：rippa（立派）　　　　matti（マッチ）　　　hakkiri（はっきり）

6. 长音在元音字母上加"^"或"‾"符号表示，大写时也可以用并排的两个元音字母表示。

   如：okâsan（お母さん）　　kyôto（京都）　　　　Oosaka（大阪）

   在现代的实际生活中，也经常见到长音不加任何标记的情形。

   如：Osaka（大阪）

7. 特殊音的拼写法可以按音自由拼写。

   如：「フィルム」可写作firumu、hwirumu、huirumu或film。

8. 句子开头和专有名词的第一个字母用大写字母。专有名词以外的名词的词头也可以大写。

八、英文字母日语读音表

大写	小写	读音	大写	小写	读音	大写	小写	读音
A	a	エー／エイ	J	j	ジェー／ジェイ	S	s	エス
B	b	ビー	K	k	ケー／ケイ	T	t	ティー
C	c	シー	L	l	エル	U	u	ユー
D	d	ディー	M	m	エム	V	v	ブイ／ヴイ
E	e	イー	N	n	エヌ	W	w	ダブリュー
F	f	エフ	O	o	オー	X	x	エックス
G	g	ジー	P	p	ピー	Y	y	ワイ
H	h	エッチ／エイチ	Q	q	キュー	Z	z	ゼット／ズィー
I	i	アイ	R	r	アール			

九、中国 34 个省级行政区域名称和行政中心日语读音表

名称	行政中心
北京市（ペキンし）	北京（ペキン）
上海市（シャンハイし）	上海（シャンハイ）
天津市（テンシンし）	天津（テンシン）
重慶市（じゅうけいし）	重慶（じゅうけい）
安徽省（あんきしょう）	合肥（ごうひ）
福建省（ふっけんしょう）	福州（ふくしゅう）
甘粛省（かんしゅくしょう）	蘭州（らんしゅう）
広東省（かんとんしょう）	広州（こうしゅう）
貴州省（きしゅうしょう）	貴陽（きよう）
海南省（かいなんしょう）	海口（かいこう）
河北省（かほくしょう）	石家荘（せっかそう）
河南省（かなんしょう）	鄭州（ていしゅう）
黒竜江省（こくりゅうこうしょう）	哈爾濱（ハルピン）
湖北省（こほくしょう）	武漢（ぶかん）
湖南省（こなんしょう）	長沙（ちょうさ）
吉林省（きつりんしょう）	長春（ちょうしゅん）
江蘇省（こうそしょう）	南京（なんきん）
江西省（こうせいしょう）	南昌（なんしょう）
遼寧省（りょうねいしょう）	瀋陽（しんよう）
青海省（せいかいしょう）	西寧（せいねい）
山東省（さんとうしょう）	済南（さいなん）
山西省（さんせいしょう）	太原（たいげん）
陝西省（せんせいしょう）	西安（せいあん）
浙江省（せっこうしょう）	杭州（こうしゅう）
四川省（しせんしょう）	成都（せいと）
台湾省（たいわんしょう）	台北（タイペイ）
雲南省（うんなんしょう）	昆明（こんめい）
西蔵自治区（チベットじちく）	拉薩（ラサ）
新疆維吾尔自治区（しんきょうウイグルじちく）	烏魯木斉（ウルムチ）
内モンゴル自治区（うちモンゴルじちく）	呼和浩特（フフホト）
寧夏回族自治区（ねいかかいぞくじちく）	銀川（ぎんせん）
広西壮族自治区（こうせいチワンぞくじちく）	南寧（なんねい）
香港特別行政区（ホンコンとくべつぎょうせいく）	香港（ホンコン）
澳門特別行政区（マカオとくべつぎょうせいく）	澳門（マカオ）

十、日本都、道、府、县及其政府所在地名称

1. 北海道札幌市
2. 青森県青森市
3. 岩手県盛岡市
4. 宮城県仙台市
5. 秋田県秋田市
6. 山形県山形市
7. 福島県福島市
8. 茨城県水戸市
9. 栃木県宇都宮市
10. 群馬県前橋市
11. 埼玉県埼玉市
12. 千葉県千葉市
13. 東京都新宿区
14. 神奈川県横浜市
15. 新潟県新潟市
16. 富山県富山市
17. 石川県金沢市
18. 福井県福井市
19. 山梨県甲府市
20. 長野県長野市
21. 岐阜県岐阜市
22. 静岡県静岡市
23. 愛知県名古屋市
24. 三重県津市
25. 滋賀県大津市
26. 京都府京都市
27. 大阪府大阪市
28. 兵庫県神戸市
29. 奈良県奈良市
30. 和歌山県和歌山市
31. 鳥取県鳥取市
32. 島根県松江市
33. 岡山県岡山市
34. 広島県広島市
35. 山口県山口市
36. 徳島県徳島市
37. 香川県高松市
38. 愛媛県松山市
39. 高知県高知市
40. 福岡県福岡市
41. 佐賀県佐賀市
42. 長崎県長崎市
43. 熊本県熊本市
44. 大分県大分市
45. 宮崎県宮崎市
46. 鹿児島県鹿児島市
47. 沖縄県那覇市

十一、日语常用寒暄用语

1. 早上好！／おはようございます。⓪＋④

2. 你好！（白天）／こんにちは。⑤

3. 晚上好！／こんばんは。⑤

4. 晚安！／お休みなさい。⑥

5. 有人在吗？／御免下さい。⑥

6. 打扰了。／お邪魔します。⑤

7. 欢迎光临。／いらっしゃい（ませ）。④／⑥

8. 初次见面。／初めまして。④

9. 请多关照。／どうぞ　よろしく　（お願いします）。①＋⓪／⓪＋②

10. 好久不见！／お久しぶりです。⑦

11. 近来好吗？／お元気ですか。②

12. 托您的福，我很好。／お陰様で、元気です。⓪＋①

13. 恭喜（祝贺）。／おめでとう　ございます。⓪＋④

14. 谢谢。／ありがとう　ございます。（ありがとうございました。）②＋④

15. 对不起（劳驾问一下）。／すみません。④

16. 对不起。／御免なさい。⑤

17. 拜托了（烦请……）。／お願いします。⓪＋②

18. 明白了。／分かりました。④

19. 我知道了。／かしこまりました。⑥

20. 不用客气！／御遠慮なく。⑤

21. 没关系。／いいえ、かまいません。③＋⑤

22. 没什么好吃的，请！／お口に　合うかどうか　分かりませんが、どうぞ。③＋②
　　＋①

23. 那我就吃了（那我不客气了）。／いただきます。⑤

24. 吃（喝）好了。／御馳走様（でした）。⓪／⑦

25. 哪里哪里。／こちらこそ。④

26. 不用谢（没关系）。／どう　いたしまして。①＋④

27. 我走了！／行ってきます。⑤／行ってまいります。⑦

28. 请走好！／いってらっしゃい。⓪

29. 我回来了！／ただいま。④

30. 你回来了！／お帰<ruby>帰<rt>かえ</rt></ruby>りなさい。⑥

31. 辛苦啦！／お疲<ruby>疲<rt>つか</rt></ruby>れ様<ruby>様<rt>さま</rt></ruby>です。／お疲<ruby>疲<rt>つか</rt></ruby>れ様<ruby>様<rt>さま</rt></ruby>でした。⑦

32. 我先走一步。／お先<ruby>先<rt>さき</rt></ruby>に失礼<ruby>失礼<rt>しつれい</rt></ruby>します。⓪＋②＋②

33. 告辞(对不起)。／失礼<ruby>失礼<rt>しつれい</rt></ruby>します。②＋②

34. 请多保重！／では、お元気<ruby>元気<rt>げんき</rt></ruby>で。①＋②／お大事<ruby>大事<rt>だいじ</rt></ruby>に。⓪

35. 请走好！／お気<ruby>気<rt>き</rt></ruby>をつけて！④

36. 回头见(明天见)。／では、また(明日<ruby>明日<rt>あした</rt></ruby>)。①＋⓪ (③)

37. 再见！／さようなら。⑤／じゃ、また。①＋②／バイバイ。①／じゃあね(え)！①＋①